Vision

一些人物，
一些視野，
一些觀點，
與一個全新的遠景！

過度努力

每個「過度」，
都是傷的證明

周慕姿
諮商心理師

每一個過度努力的人，心裡都是受了傷的；
之後，以為「努力」可以讓自己不再受傷。

就停不下來了。

【推薦序】

你以為你心疼書裡的主角，但你的淚水是為自己而流

／蕭彤雯（前新聞主播／知名節目主持人）

當收到慕姿老師邀約，希望我為她這本新作《過度努力——每個「過度」，都是傷的證明》寫一篇推薦序時，我其實非常惶恐。不僅因為她的書本本暢銷，在整個華人社會有著極大影響力，更因為我對她的特別情感（藉此機會胡亂告白），讓我有著「絕對不能讓她失望」的壓力。然而翻開初稿，出版社書摘大大的兩行標題映入眼簾的那一瞬間，我竟像遭受一記重擊：

「『過度努力』是世界上最完美的人生逃避，逃避生命中最重要的事。」

也就在那一刻，我突然懂了為什麼慕姿老師要邀請我寫序。因為我在她心目中，一直是

「過度努力」的代表。

我和慕姿有著極為相似的求學背景。我們都是別人眼中很會念書的孩子，高中、大學都是自己心中的第一志願，很巧的，還都是同所學校，甚至相同科系。雖然我們選擇了不同的職業，但我們都很努力在各自的領域裡，做到自己認為的「夠好」。

其實「很努力」好像還不足以形容，用「很拚命」也許更貼切些。

不誇張。在我的新聞生涯裡，曾幾度冒著生命危險，完成採訪任務：八八風災時，我與採訪夥伴們只差一點點，就墜入暴漲的陳有蘭溪中，讓罹難者名單上多出三個名字。英國倫敦地鐵連環爆炸恐怖攻擊、中國汶川大地震、日本三一一地震、海嘯與核災……我都在現場。家人曾不只一次問我：「為什麼都是你？」

檯面上我會回答：「這是我的工作，也是我的責任。」但事實是：我不知道該如何拒絕別人對我的託付與期望。

當別人說：「我只能靠你了。」我會責無旁貸地擔下一切。因為我不想讓別人失望。不只是主管、同事，甚至包括觀眾、粉絲。那絕對不是一種虛榮感，而是一種被需要的肯定。這種情況在家庭關係中更為嚴重，我無法忍受自己是個「不夠好」的太太、媽媽、女兒。即便沒有人要求我、沒有人批判我，我仍無法放過自己。

就在寫這篇文章的早晨，我先生對從不追劇的我，這兩天居然小小熬夜追劇，笑著說他覺得挺不錯的。但我竟有些罪惡感。

「追劇真的很浪費時間。既然都是熬夜，還不如熬夜工作，反正都要傷身體的，至少要有點生產力。」

「但為什麼你一定要有生產力？」

先生的這句話，頓時令我語塞。我從來沒想過這個問題。

我一直覺得「努力」，就是我人生的原廠設定。人「怎麼可以」不努力？

而這也是書中好幾位主角曾說的話。書裡的八個人，分別因為焦慮、恐慌、憂鬱、暴食、憤怒、關係疏離、購物成癮……等問題尋求諮商，每個人都有自己的故事與祕密。你可能會跟我一樣，有種奇異的感受：他們明明都不是我，卻又為什麼都像一部分的我？

一、購物成癮的小公主：不懂「人活著，到底是為了什麼？」

二、恐慌症發作的跨國企業高階主管：說「人活著，就是為了追求贏的感覺」，但究竟是「享受贏的感覺」？還是「害怕輸的痛苦」？

三、焦慮又憂鬱的不犯錯小姐：「與其說害怕輸的感覺，不如說擔心犯錯或失敗時，會麻煩到別人。」總是太在意別人的感受而忘了自己。

四、與妻子疏離的鋼鐵先生：所以「只要不在意任何人，就不會受傷害！」當然也不會讓人發現，自己其實「不夠好」。

五、恐慌到過度換氣的自責小姐：人怎麼能不夠好？「這是很丟臉的事。」但嚴格的自我要求，只是為了符合別人的期待，從來不是為了「做自己」。

六、戴著面具的小木偶：當父母無法接受自己的性向，「我要怎麼做自己？」為了交換愛與不被鄙視，只能忘記自己原本的樣子。

七、躁鬱的完美媽媽：自己？「當了媽媽後，沒有自己是很正常的。」一定要先滿足所有人的需求，必須「夠完美，夠有用」！

八、易怒崩潰的總醫師：不「有用」，活在這世上要幹嘛？

透過慕姿老師的文字，你會驚訝地發現：這八個看似無關的人生難題，竟然環環相扣。前者的疑惑，後者像是給了解答，偏偏這答案卻也正是令自己痛苦的來源。這本書像是一部懸疑電影，每個轉場都留下了伏筆。等著我們和慕姿老師一同抽絲剝繭，挖出最內層、連自己都不敢碰觸的真相。

我必須提醒你：這是一本很特別的諮商類療癒書。你以為看的是別人的故事，卻可能一直看到自己的影子。你以為你是心疼這些故事的主角，最後卻發現許多淚水其實是為了自己而流。

那些說不出的苦、無法解釋的痛，在慕姿老師帶領這八個個案，歷經探索、抗拒、覺察、行動的過程中，終於被理解、被看見。也終於讓人明白，「過度努力」的外殼不見得都會用積極做包裝。那些被認為沒用的、抗壓性低的、只會逃避的，若有能力正視自己的心，或許就會發現隱藏在各種情緒風暴下的，其實是個過度努力、想要符合那些並不屬於自己期待的自己。

慕姿老師說，諮商的工作就像個擺渡人，渡人也渡自己。當我闔上這本書，除了第N度落下眼眶無法盛載的淚水，也感謝慕姿老師藉由邀請我寫推薦序的這個過程，提前渡了我。

如果，你也常說「沒關係，我自己來就好。」

如果，也常有人對你說「你應該對自己好一點。」

如果，你也害怕「不夠好，是不是就代表自己沒用？」

如果，你也跟我一樣總想著：「我表現得好不好？」而不是：「我好不好？」

我想現在，該換你上這艘船了。

過度
努力

【推薦序】

過度努力的鏡面，照出不放過自己的你／賴芳玉（律師）

努力，還要再努力，是為了自我挑戰，超越別人，也是自我期許；完成夢想，達到人生成功的巔峰，這已是許多勝利組的菁英案桌上的座右銘，也是我們追求的模範。

但這本書竟是探討「過度努力」是為了逃避生命中最重要的事。幾乎翻轉努力的定義，前者是堅毅，後者則是脆弱的語意表達。

這就是心理師觀察到人性最幽微的地方。慕姿既溫柔又直接地點出堅毅背後的脆弱。

「不夠好」，這句話很傷人，也很毒，可惜的是我們很少有防疫措施。

「不夠好」是自我要求完美的焦慮，還是外在造成的壓力？很難說清楚，畢竟整個追求成功的文化裡，哪個不是從小就被父母、師長們以各種形式來告訴你「不夠好」，我們更常被這三個字體罰、辱罵、嘲諷或貶抑。長大後，被職場主管、老闆、客戶，甚至情人或伴侶嫌棄不夠好。男人被唾棄錢賺得不夠多、成就太低，女人被嘲諷不夠溫柔體貼、賢妻良母。好吧，這個社會沒放過任何人，就是指著你的鼻子直言：「你不夠好」。

整個社會，不是虎爸或虎媽當道而已，而是已經建構出隱形的「虎社會」。所以當你有童年逆境，就如雪上加霜，所有的逆境都指向一個原因：「因為我不夠好，所以父母才不愛我」。當這個觀點內化成自我價值時，再優秀的菁英都還是與自卑情結相伴，形塑出各式各樣的創傷因應措施，就像這本書提到的購物欲、冷漠疏離、自戀、暴食症及恐慌症等。

記得，某次在律師訓練所講授家事課程時，我提到許多菁英都帶著童年逆境的創傷，不斷追求學業成就，只為了證明自己是值得珍愛的人。這段話，讓台下不少年輕律師都紅了眼眶。

童年逆境創傷經驗是多樣性的，例如面對高衝突或離異的父母，孩子總是覺得自己不夠好，才會讓父母不幸福，或覺得再努力一點，父母就會變好了；又如假性孤兒的家庭，明明父母都說愛你，但你就是感受不到，父母明明都在，卻無法和父母的愛發生連結，感到難以言喻的孤寂和自卑，只有不斷努力尋求肯定和愛。

我周遭很多優秀的年輕朋友都有過度努力的情形，我總是感到不捨，雖常常告訴他們：「你已經夠好了，可以了。」但這句話的撫慰，往往只能讓他們停留在：「謝謝你看到我的努力」，卻還不到：「是的，我已經夠好了」的感受。

所以，真的很感謝慕姿再度為這群「過度努力」而受累的朋友寫下這本書，提供「不夠好」的治療與防疫方法。她不同以往的書寫，改編真實案例，呈現諮商室的對話，透過個案描述過度努力的情境，讓讀者更貼近自己的經驗，進入自我探索的可能。

大家或許不太明白這本書的切入觀點和書寫方式有多重要，但對於我這個長期從事性別、兒少及家事工作的律師及社會工作者而言，真心感謝她以這方式幫助更多的社會大眾。因為創傷的第一步，就是要覺察它的存在，但我們往往在過度強調「要怎麼收穫，先那麼栽」，或其他許多成功勵志語言中，忽略過度努力背後的創傷；也因成長中許多「不夠好」的印記深深烙在骨血中，而難以分辨創傷的存在和影響，以致必須反覆嚴厲鞭策自己努力的因應模式，才認為自己值得被珍惜、被愛，直到疲憊不堪，也很難找到生命的出口。這本書透過個案與諮商師深入淺出的對話，幾乎提供完整的創傷復原地圖，從探索、抗拒、覺察到行動，讓每位讀者透過故事中個案的諮商經歷，找到自己復原力的可能。

這本書還有個很特別的書寫，就是諮商師和當事人的關係，「她希望，我假裝不知道；而我，沒有戳破。只是和她一起，浸在屬於她的悲傷裡。」「雅文哭得唏哩嘩啦，幾乎岔氣。在旁邊的我，跟著不停掉淚。」「美惠笑了，但是淚如雨下。」「『所以，我本來就是她不要的孩子』……這個痛被挖開了。我們一起待在這個痛楚的洞裡，很深，很深。」

我很喜歡這些描述裡的「一起」。

總有個說法，為避免替代性創傷，或專業者形象，專業助人者要把自己的情緒離個案很遠。但有次半年內發現罹有兩種癌症的平路老師在一場醫療座談會，分享醫病關係時，她說即便只有三分鐘的就診期間，也希望醫生的眼神能望著病人，讓病人感受到醫生的溫暖。有次某醫生看著檢驗報告說：「這樣我就放心了。」她對醫生那句喃喃印象深刻，那意味著醫生和病人是「一起」。她認為如果能夠「一起」，就連疾病都不可怕了。所以我猜想諮商心理師能和個案「一起」，個案應該也會很安心，算是專業者願意付出工作以外的溫柔。

人生總有很多的困境和挑戰，沒人可以無傷無痕地全身而退，俗稱「人在江湖走，哪個不挨刀」，正是這個道理吧。只是，我們如何和自己的創傷安然相處，帶著自己獨特的復原力活著過每一天。不必是成功，只是簡單也活著而已。

【推薦序】

後來的藍天／陳曉唯（作家）

給慕姿：

讀完書稿後，想起認識的一位女性前輩。

她樣貌出色，學歷傑出，性格謙卑，待人和善，工作能力極佳，備受上司的喜愛與後輩的尊重，每當有人提及她的名字，聞者皆會露出讚賞與欽佩的態度。

某次，我因為工作表現不佳，受到一位長輩的嚴厲批判而難過落淚，她卻拍拍我的肩膀，用兩根手指拉下自己的眼尾做出鬼臉，美麗的圓眼變得細長。這個突兀的情境使我笑了出來，而她也笑著說：「想哭時，記得拉一拉眼睛，眼淚就不會掉下來。」

多年後，她於家中割腕自殺被送醫救治時，眾人才知道，於別人眼中擁有幸福生活的她，中學時受到繼父的性侵，長年生活在繼父的暴力虐待裡。為了逃離繼父，她選擇早婚，婚後卻受困於不孕的憂鬱裡，遭到婆婆常年的言語虐待，與丈夫的關係日漸不合。某次口角爭執後，丈夫動手打了她，家暴成了她的日常，丈夫成了另一個繼父，經常虐打並強暴她，而這些祕密都被她藏在深深的「洞」裡。

在醫院陪伴她時，她說起年幼時的故事：「爸媽在我六歲那年離婚，哥哥跟了爸爸，我則跟了媽媽。離婚後不久，媽媽就改嫁了，她夢想能開始幸福的生活，卻不幸罹患乳癌。每次去醫院看她，離開病房前，她總對我說：『你要乖、要聽話、要努力，如果你不夠好，要是媽媽走了，不但爸爸不要你，連叔叔也會不要你。』那時，我總是做噩夢，夢到媽媽過世了，爸爸不要我，叔叔也不要我。我孤零零地徘徊在醫院的走廊，找不到出口。

「母親過世後，唯一能讓我感到快樂的是到外婆家。繼父常因公出差，我便能到外婆家暫住。當時，半夜噩夢醒來痛哭失聲時，外婆會拉一拉自己的眼尾，對我說：『我的乖女孩，拉一拉眼尾，不讓眼淚掉下來。』說完後，外婆會拉一拉我的眼尾逗我笑，再抱抱我。

「讀中學時，有次在外婆家睡覺做噩夢醒來，外婆一樣拉一拉眼尾，逗我笑，可我卻無法再忍住眼淚。我不敢告訴外婆，在初經過後不久，繼父撫摸我，進到我的身體裡，我感覺身體破了，生出一個藏著祕密的洞。

「後來外婆也離開我了，我更加倚賴洞活著。當繼父再次進入我的身體時，我總哭著說：『對不起、對不起。』將自己埋到洞裡，拉拉眼尾，對自己說：『我是乖女孩，不可以讓眼淚掉下來。』丈夫打我、強暴我的時候，我也是這麼做。

「幾十年來，我都活在藏祕密的洞裡，不敢走出洞外。」

過後幾日，某個冷冽的早晨，收到她傳來的簡訊：「對不起，我想去說故事給外婆聽了。」

她離開後，我逐漸意識到生活周遭存在許多與她類似的「洞」：成績優秀的男性友人因為無法寫出理想的論文而休學，又因無法適應職場，最終成了繭居族；為了維持完美身形的模特兒友人，反覆暴食催吐，最後食道嚴重灼傷；在社群上展示完美家庭形象的長輩，因顱內出血入院，眾人才知她為了美好婚姻的模樣，忍受丈夫的虐待近二十年……諸如此類。然而，當有人問起他們這些困境時，他們如同前輩最後傳來的那封簡訊一般，總是先說：「對不起。」

但他們到底對不起什麼呢？又為了什麼必須感到抱歉？

我們的一生總在歉疚。對不完美的自己歉疚，為了逃避歉疚，我們不斷努力，卻換來更大的歉疚，只因感覺不夠，無論做得再多，仍然不夠。我們始終認為可以更好一些，為了更好的自己，數度耗盡了自己。

歉疚是一個祕密的洞，我們都曾長久生活在罪疚的深淵裡。

感到歉疚，是否是因為沒人告訴我們，日常的柔軟亦可以承接我們，我們不必挖掘祕密的洞，讓自己墜落下去？沒人告訴我們，傷痕、痛苦、失敗、挫折並非人生的汙點，而是使我們獨特於他者的可能？更或許是沒人告訴我們，生命所遭遇的苦痛艱難，其所留下的傷痕是辨認自己的方式，而非反覆鞭笞自我的刑具？若能沿著這些痕跡，撫摸其紋理，理解並寬容自己，最後即能從傷痕裡映照出自己真實的模樣。於身體裡藏著無數痛苦祕密的洞，我們最終不必以墜落的姿態，跌進深淵裡。盛載痛苦祕密的洞，也能是條路徑，當我們變得柔軟而微小，真正踏進洞裡，沿著藏在洞裡的傷痕記號，緩緩前行，終能逐步走出傷痛。

閱讀這本作品時，讀見你寫下與我們生命相似的他者，寫下我們對不完美與瑕疵的自我感到歉疚的時刻，寫下讓我們感到罪疚與苦痛的人事物，同時述說著，我們不必選擇反覆刨掘內在傷口來拯救自己。我們可以輕撫傷痕，從傷痕了解並寬容自己，不必與他者為

過度
努力

敵，亦不必再透過他者來定義自己，而是學習描繪自己真實的樣貌，並學會接納他者真實的模樣。

除此之外，你亦領著傷痕累累的我們，走入洞裡的傷痕之路，以雙手撫摸那些記號，觸摸其紋理，緩緩前行，最後的最後，得以走到傷痛之外。

於傷痛的外邊，你又以溫柔的目光與細膩話語描繪洞外的世界。原來在歷經血液與眼淚之後，於祕密與傷痕的深淵之外，存在一整片晴朗而澄澈的藍天。

前言

隔了一陣子沒有寫作，這次寫的主題，是「過度努力」。

怎麼會想寫這個主題呢？

或許，因為我自己的身邊，以及在實務工作中，我遇到很多「過度努力」的人，這些人對「努力」的堅持、對生命與生存的恐懼，常常觸動我心中最深處的一些什麼。

會被觸動，也或許是因為，在某些人的眼中，我也算是有點「過度努力」的人。

雖然我自己都覺得還好。

（「過度努力」的徵兆之一：別人都說你太努力，但你都覺得，還好。）

從小學開始，雖有機會參加一些比賽得獎，成績也不錯，但對那些獎項與成績表現，我有時沒有太大的感覺或欣喜。就如同當時因為出了《他們都說妳「應該」》這本書，我受邀上廣播時，分享了一個例子：

「最重要的，不是拿到獎項、或是成績名列前茅的那一刻；而是，當拿到這個獎項、名次之後，把它帶回家，然後父母給你一個欣慰滿意的笑容……『我做得夠好』這件事，才算完美地達成。」

我說的這個例子，可能許多人心有戚戚焉，而這的確是我個人的經歷。

從我有印象以來，我和媽媽相依為命，父親時常不在身邊，有時甚至會消失，在親戚間的風評也不是太好。當時，對於有些人來說，父親之於我，就是我人生的那個「but」：

「對啦，她是很優秀，但是她爸爸……」

曾經有很長的一段時間，我沒有辦法消化這個「but」。我就像一直背負著原罪十字架的人，不管多麼辛苦、爬到多麼巔峰的地方，那個身上的印記，永遠跟著我、永遠無法去除。

為了消除這個「but」、為了保護媽媽、「讓我們能夠不被別人看不起」，因為我喜歡念書、有一些演講與寫作的能力，於是，我做著會被大家誇耀的事情，維持在大家會覺得「她這樣很優秀」的位置。

只是，從我小學二年級，第一次得到某個比賽第一名時，我就知道，我好像不太會為了這些比賽、成績名次而極為欣喜；我的快樂，都是把名次、成績拿回家之後，看到媽媽滿意的笑容，我才鬆了口氣。

那代表著，就算爸爸讓別人失望、讓媽媽失望，那至少，我可以不讓他們失望，對吧？

我可以和我爸爸不一樣，對吧？

在我決定就讀諮商的那一年，家裡的經濟突逢巨變，我的生活也有了一百八十度的大翻轉。

從小，雖然媽媽獨力扶養我，生活不算寬裕，但也還過得去；已經開始工作的我，只需照顧好自己，並不需特別擔心家裡的狀況，或是拿錢回家。

沒想到，就在那個時候，我突然需獨力扛下家中的經濟重擔、負債，以及，面對許多親戚的人情冷暖。

這些，雖然從小沒有看得少，但是，當時媽媽已經沒有辦法跟以前一樣，在我前面保護我、照顧我，我必須直接面對這些。

那時，我才深深地感受到，我得努力才行，我只能努力。

從進心理諮商研究所開始，我一改以前念書吊兒啷噹的性格，因為我沒有任何基礎，所以我逼自己得拚命讀書，要趕上身邊同學們的程度。當時半工半讀的我，碩一那一年，不是在工作，就是在圖書館讀書。

那時候，我覺得念書很快樂，但也很害怕；很擔心自己因為不夠努力，就被什麼恐怖的東西追上，會再度陷入無能為力、覺得自己很糟糕的境地。

每個目標達到時，對我而言，都只能獲得暫時的「鬆一口氣」：既擔心自己做不到，做到了，也無法享受成功，反而會更擔心別人會不會對我過度期待。於是，我沒有真的開心、真的放心的一刻，只能不停不停地向前衝。

於是我才發現，原來我是「冒牌者現象」的典型；而後我的碩士論文，才會寫「冒牌者現象」主題的論文。

這樣的習慣，一直帶著。開始成為心理師、進入職場之後，自然讓我的工作發展有一定的表現：在很短的時間，我要求自己必須要接大量的個案，並且持續被督導，希望自己能夠在專業上站穩腳跟。

但在二〇一七年，因為第一本書備受矚目，大量的邀約湧來，習慣滿足別人期待與需求的我，心一橫，大部分都吃了下來。過量的工作，以及仍期待自己必須在專業上有所精進的要求，讓我的身體漸漸吃不消；而二〇一八至二〇一九年，又面臨了一些考驗。於是，讓我決定停下腳步，重新思考：「我是不是花太多時間，在他人的期待身上？」

當時，有一位對我很重要的前輩，對我說的一段話，讓我印象很深刻：

「你對於自己做錯什麼，或是沒做到什麼，是非常嚴厲的。你有沒有想過，如果把你當成就像是剛學會走路，搖搖擺擺的鴨子，當牠走不好時，你能稍微溫柔地托牠一下，告訴牠『你可以試試看這麼走』？」

前輩的這段話，讓我回去想了很久，內心有什麼深深地被觸動。

原來，我只有一直往前努力達到目標的經驗；我從來不知道，我能被溫柔對待，也不知道，我需要被溫柔對待。

這幾年的危機處理，讓我習慣遇到困難時，第一個反應是「如何解決問題」，卻從來沒有機會，也沒有想過，我需要照顧一下我的內心，那個可能驚慌失措、或是憤怒傷心，甚至失望的自己。

寫到這裡，或許有些讀者會想著：「哎呀，原來心理師也這麼不會照顧自己的情緒。」

這倒是真的。我的一個心理師好友曾經開玩笑說過：「面對別人的人生，比面對自己的人生要來得容易多了。」

要面對自己內心真正的脆弱與恐懼、改變自己的慣性，是一件非常不容易的事。

當我們沒辦法與自己的內心接觸，就沒辦法正視自己的恐懼，「過度努力」，只是面對恐懼時的一個習慣，一個想得到安全感的防衛機轉與生存策略而已。

當我們沒有好好地感受與思考，這個「生存策略」，就會非常自動化，讓我們感覺到：

「我沒有選擇，只得這麼做；只有這麼做，才能讓我擺脫現在的困境。」

二〇二〇年，對許多人而言，都是非常不容易的一年。我的身邊，有許多非常努力而不敢停下來的人，甚至會迷失在那些努力當中；或者期盼著他人的照顧，或者失望著別人的不包容與不理解，然後在這其中，感受到自己的孤獨與空虛。

所以，我想寫下這本書。

這本書裡的案例，集合了我很多的工作觀察與身邊的經驗，或許你讀這本書時，會覺得每個案例的一部分，都會讓你想到自己，或是身邊的某個人。不過，這本書並不是一本很快地告訴你「你該怎麼辦」的一本書。因為，在我面對「過度努力」的人們，包含我自己時，最困難的，或許不是「我該怎麼做」的方法，而是——

「我腦袋都知道，但心裡做不到。」

瞭解與安撫自己的內心，讓自己有勇氣做出不同的選擇，這，才是最難的。

若在讀這本書時，你有機會靜下心來，能與這些案例的主人翁，一起慢慢地接觸自己的內心深處，瞭解自己內心最柔軟的那一塊：那些情緒、感受；而後，願意給自己一點理解與接納、溫柔與問候，那就是我最想要分享的部分。

這本書，也呈現了心理諮商的部分過程。

關於心理諮商，我的想法是這樣：

我們每個人，內心都有一些傷口。這些傷口，會帶來一些難耐的情緒，這些情緒可能會大而猛烈，讓人無法承受；當我們不知道怎麼處理，我們會隔絕它，用一些方法掩蓋、合理化或淡化它，讓自己能不去面對它，以便讓我們能繼續在生活中撐下去。

而諮商心理師，有些時候，就是從你的願意分享中，感受那些你不敢碰觸的情緒，然後，再將它消化成你可以接受、吸收的方式，慢慢地回饋給你。

而我們，就在這樣的回饋當中，慢慢地理解自己、慢慢地從這些情緒與理解中獲得滋養；我們有機會從這些滋養中慢慢長大，而終於有能力回過頭來，跟那個無法承受如此多創傷與情緒的、內心的小孩說：

「嘿，沒有關係的，

要面對、承受這些真的很不容易。

你一個人撐著、還陪伴著我，真的是辛苦了。
但現在，你不用害怕了，
我會陪著你。」

於是，我們終於有機會，可以給自己一點溫柔，可以愛著這樣的自己。
希望這本書，能夠帶給你一點溫柔與陪伴。

註：本書所提之案例，均經本人同意且大幅改寫，如有雷同，純屬巧合。

目錄

第一步 探索

第二步 抗拒

目錄

第四步 行動

目錄

第一步

探索

如果，為了活著，
需要讓自己「沒有感覺」；
那麼，
我又是為了什麼活著？

失去靈魂的購物公主：

沒有感覺，就不會被傷害

「我沒有感覺。活著，沒有感覺；也不知道，活著是為了什麼。」她坐在我對面，小小聲地說。

面前的女孩，叫做品萱。看起來性格柔順，說話聲音輕輕的，常常會擔心話語冒犯到我；說話時，時常會留意我的表情與反應。

品萱有一份穩定的工作，父母是退休公務員，經濟能力不錯，她不需為家中生計煩惱。比起一些同年的朋友，自己工作的穩定與優渥的薪水，是讓身邊許多人欣羨的。

她會來找我，其中一個原因，是發現：她對自己生活的感受，與身邊的人對她生活的羨慕，兩者有非常大的落差。

過度

努力

因為這樣的困擾而決定尋求心理諮商協助的人，其實並不少。

他們有著共通的特點：看起來生活無虞，甚至會被稱之為「人生勝利組」，當他們不小心透露出一點煩惱，就會被某些人回應：「你就是過太爽，這有什麼好煩惱的？」

面對別人對他們生活的欣羨與嫉妒，讓他們覺得自己「應該要懂得惜福」、「應該要覺得幸福快樂」，只是，自己的感受卻不是這樣。

時常覺得「空」，就像身體的中間破了一個大洞，什麼都感覺不到、覺得空。卻又因著別人的說法，而**忍不住懷疑自己的感覺：**

「我『應該要幸福快樂』的，如果我做不到，是不是我有問題？」

只是，當「幸福快樂」變成「應該」、變成義務，沒有人真能幸福快樂得起來。

人啊，如果連自己的感覺都不能相信，那生活，幾乎沒有可以憑藉與判斷的標準。

「不知道什麼時候開始，我什麼都感覺不到。感覺不到快樂、悲傷，不知道活著的意義是什麼。不會真的想死，但不知道，活著要幹嘛，只是為了每天過著一樣的生活嗎？」

忍不住不快樂，但又聽別人說：「你不能不快樂」；感覺到痛苦，卻又被說過太爽、所以「抗壓性太低」。心裡忍不住想：既然生活不能有自己的感覺，自己的感覺永遠都是錯的，那麼，讓自己沒有感覺，似乎就好了。

努力讓自己活著，日復一日的工作、加班，回到家倒頭就睡。帳戶裡的錢雖然一直增加，卻不知道意義是什麼。

「可是，我的生活，卻有很多人羨慕。有些人會跟我說，我有一個不用讓我擔心錢的家庭，有一份不用讓我擔心錢的工作，到底還有什麼不滿足？

「聽他們說這些話，好像也很有道理。對啊，我還有什麼不滿足的？為什麼我會覺得，自己活不活著，好像都沒差？是不是因為，我真的不惜福？」

聽著她那些疑惑，以及想要說服自己的話，我卻聽出背後有許多的困惑、無力感，還有求救的聲音。

「我應該要惜福、應該要珍惜、應該要覺得很棒」，這些話聽起來，似乎真有道理。如果能夠不思考、不感覺，用這些「應該」、外在的標準，就能說服自己；如果自己的感覺可以這麼簡單，就滿足於這些表面上「別人接受的生活」，就這麼生活下去，那有多好。

但是，就是覺得，這一切「一點都不棒」。在這樣的生活中，感覺到自我一點一點地慢慢死去，快要滅頂了。

「能不能有人來拉我一把，幫我離開這個狀況？」在心裡忍不住大聲呼喊著。

因為，我快沉下去了。

父母幫孩子做每一個決定

「你想聊聊你生活中和其他人的關係嗎？」我好奇問她，「例如，你和家人的關係如何？或是說，他們對你的工作跟生活，有什麼看法？」

似乎沒有料到我會問她的家庭，她稍微遲疑了一下，斷斷續續地描述她與家人的關係。

品萱的父母都是公務員，因為自身的經歷與決定，於是從小就灌輸孩子一個觀念：「有一份穩定的工作是很重要的。」此外，父母對於品萱與哥哥的管教與要求也相當嚴格，認為「唯有父母的決定才最正確」；因此從小，父母就習慣幫他們兄妹做每一個決定。幫他們決定進哪間學校、念哪個科系、未來做哪種工作，甚至是要找怎樣的對象，父母都一手安排。

父母的行動，傳達給他們這兩個孩子的感想是：「只要按照我們的安排去做，你的人生就會完美無缺。所以，你一定要照做。」

在父母的期待下，品萱所做的選擇，都是按照父母的安排所做的：念父母覺得好的學校與科系，找父母喜歡的工作，選父母安排認識的男友。

特別是，當哥哥在大學時，因為選擇科系而與父母出現極大的衝突，一怒之下離家後，這件事更**讓品萱在心中默默下了決定：**

「最好不要違逆父母的想法，否則會破壞家庭的和諧。」

於是，這麼多年來，品萱很習慣地做父母的「乖女兒」，讓父母不擔心，讓別人可以羨慕，也成為父母可以向她邀功的理由。

「你現在能過這樣不愁吃穿的生活，不就是因為我們要求你，你有乖乖聽我們的話。你看哥哥，現在工作多麼辛苦，薪水還沒有你好。」

哥哥與父母吵翻，大學之後就搬出去住，現在在廣告公司上班，工作相當辛苦。

但她覺得，哥哥看起來工作得很開心，和她不一樣。

她知道，自己沒有靈魂。

因為生活中缺少自我的意志，也不容許插入太多自我的安排。於是，品萱的生活中，被別人的要求，填得滿滿。在工作與生活上，她也習慣性地如同與父母相處般，迎合同事、主管或伴侶的需求，盡可能地讓每個人覺得滿意。

結果，換來的就是自己的不滿意。

「購物」成為紓壓管道

「我有時會犒賞自己，買很多喜歡的包包、衣服。那個時候，會帶給我一點點快樂，雖然很短。」

「購物」，成為品萱日常生活中紓壓的管道。因為「買東西」這件事，可以快速立即地得到一些回饋，不管是實質上買到東西，或是**購物過程中的那種「可控制感」與「成就感」**。這過程能讓品萱覺得：努力至少是有用的，至少可以化成物質上的享受，安慰一下總是為了別人而辛苦的自己。

所以，品萱養成藉由「購物」這個習慣來安撫、說服自己：「至少我有得到些什麼。」

「只有買東西的時候，我可以有點感覺；覺得生活中，總算有些事情能夠讓我自己掌握跟決定。一直以來，我什麼都聽你們的；至少，我總能拿我自己賺的錢去買些什麼，就像是買一些快樂。

「可是父母卻覺得我買太多，要我停止，叫我來諮商看醫生……如果工作那麼辛苦、那麼努力，結果連隨心所欲買東西都不行，那生活的意義，又剩下什麼？努力，又是為了什麼？」

聽到品萱說的話，我感覺到她話中沒說出的情緒，那些憤怒和無可奈何。

氣的是父母；無可奈何的，是不知道怎麼改變的自己。

也氣自己。

於是，品萱找到了購物的這個出口，可以離這些情緒遠一點，讓自己生活好過一點。

面對購物行為遭到父母的否定與干涉，品萱覺得累，她不認為這樣的自己有問題。花自己的錢，買自己想要的東西，有什麼不對？她又不是花不起。

但她還是來了這裡。

她想知道，為什麼不管再怎麼努力，她都覺得活著空空的，心裡空空的，好像很需要什麼來填滿。

她想問：人活著，到底是為了什麼？

「一定要贏」先生：

追求贏，是人生最重要的事情

「人活著，就是為了追求贏的感覺啊！」坐在我斜對面的明耀，充滿自信地說。

不到四十歲，就成為全球跨國企業的高階主管。明耀相信，「努力贏才是人生」。面對龐大的業務量、公司對自己越來越高的期待、一直上調的績效標準，明耀覺得，自己從來都是享受的，享受別人對他越來越看重的感覺。「不停地努力，然後不停地成功」，這個生存法則，讓他生活既有控制感又安心。

對於明耀來說，他的生活裡，沒有什麼他做不到、不能處理或無法控制的事。

直到恐慌症找上他。

「其實，我不認為自己有什麼問題。」明耀蹺起腳。手下帶幾十個員工，見過大風大浪、與許多大企業與名人合作過的他，說話的樣子充滿老闆氣勢。記得一開始來找我時，明耀劈里啪啦問了我一堆問題：

「你畢業多久了？工作多少年？專長是什麼？有結婚嗎？有做其他工作過嗎？有小孩嗎？有處理過恐慌症嗎？有接過多少像我這樣的個案？」

一連串的問題，讓我感覺自己像是來面試的員工，忍不住想回答：「是的，老闆！」

後來我慢慢發現，對於習慣讓別人看到自己「強者」那一面的明耀，要說出自己的脆弱，分享自己不擅長、不能控制的狀況，甚至要進一步地尋求他人意見與求助，簡直比登火星還難。

（如果告訴我，明耀可以找到方法登陸火星，我想我會相信。）

他的老闆與強者架勢，是他的面具，也是他的安全防護罩，幫助他安撫來這裡的不習慣與不安。

「第一次發作，只是有點呼吸急促、喘不過氣，想說大概是太累了。幾次下來，因為忍一下就過了，加上實在太忙，根本沒時間去看醫生。

「最近那次，我以為是心臟病，第一次有『自己是不是要死掉了』的想法……不過，我還是自己叫計程車，撐到醫院去掛急診，沒讓別人發現。後來，做檢查沒找到毛病，轉到

過度
努力

身心科，醫生說是恐慌症。」

一邊說自己狀況的明耀，一邊開始抖腳。

只有「不想撐」，哪有「撐不住」

一般來說，出現一次恐慌症，應該就是件滿可怕的事情。他居然可以發作好幾次都沒去看醫生，我不得不佩服：這個人的意志力與忍耐力真的超乎常人。

「諮商是我女友幫我預約的。老實說，這種心理壓力的疾病，應該是要靠自己的力量克服。畢竟，你們是心理師，大概就是會說，我的工作壓力太大，應該要放鬆，應該要愛自己，要讓自己有時間休息等等。

「你看，我都猜得到你要講什麼。」

他看著我，挑了挑眉。我對他笑一笑，鼓勵他繼續往下說。

「老實說，我不太信『要對自己好一點』這一套。現在這社會，誰沒有壓力？工作有工作的壓力，沒工作有沒工作的壓力。我很享受這個壓力啊！我一向抗壓性很高，壓力越大，我越開心。每一次贏的感覺，就是讓我繼續努力的動力。我從來不覺得努力很辛苦，贏不了，才真的痛苦！在我們公司，看過有些人說什麼壓力太大、撐不住只好辭職。我就不能理解，只有『不想撐』，哪有什麼『撐不住』？」

「只有『不想撐』，哪有『撐不住』？」多麼有力又充滿雄心壯志的一句話！

只是，身體與心理背叛了他。

追求一次次「贏」的感覺，就跟購買東西的欲望一樣，**可以帶給沒有感覺的生活，一些難能可貴的刺激與滿足。**

那些刺激與滿足，就像用來犒賞「過度努力的自己」的獎品或獎章，鼓勵自己加油、再加油，用盡全力，只為了得到別人欣羨的眼光，藉此增加自我感覺良好，安慰自己：所有的犧牲都有了價值。

多好，就這麼被看見了；

多好，別人覺得我好棒；

多好，那代表我是有價值的。

我多麼有用。

然後，我用我的肉身當作祭品，獻給那無窮無盡「贏的欲望」，只為維持生活的意義感。

只是，是「享受贏的感覺」，還是「害怕輸的痛苦」？

不犯錯小姐：

我只是，不想麻煩別人

「與其說『害怕輸的感覺』，或是害怕失敗與犯錯；倒不如說，也**擔心犯錯或失敗的時候，會麻煩到別人。**」

怡琪是一家數位產品公司的高階主管，需要每週檢討數位產品的銷售狀況，並且隨時調整行銷策略與優化產品的內容，讓產品能夠更有競爭力。由於該市場競爭激烈，最近甚至因為疫情漸漸萎縮，讓怡琪十分焦慮。

「比如說這些產品，只要銷售得不好，或是有人留言，說體驗感受不佳，我都會非常擔心。如果因此需要開會討論這些事情時，我會覺得很丟臉，覺得自己準備不夠完善，不夠認真、不夠努力，才會讓這種事情發生，真的是太糟糕了！」似乎想起那些經驗，怡琪的臉皺了起來。

「所以我很投入工作的每個細節，腦中時常出現各種模擬、未雨綢繆，一次又一次的檢視，避免有人可以挑出我的錯。」

當然，如此要求自我、追求完美，形塑出認真又負責的性格；高自我要求也反映在能力上，因此很難在工作上不成功。只是，也付出了一些代價。

嚴重焦慮與憂鬱

怡琪發現，隨著工作壓力越來越大，市場的狀況越來越難預測，她出現嚴重焦慮與憂鬱的症狀，整天惴惴不安，永遠都覺得自己有事情沒有考慮到、可能讓事情變糟，一發不可收拾。

另一方面，在和同事間的人際關係上，也出現一些狀況。她發現，自己完全不想與人互動，常擔心別人覺得她「沒有用」、「不配坐在這個位置上」；有時甚至懷疑自己的每一個決定，懷疑「自己是否的確能力不足，才會一直無法有所突破」？

「『的確』是能力不足？所以你一直很擔心，自己的能力是『不夠』的嗎？」聽到了關鍵字，我忍不住問。

「是吧！所以我才會那麼努力啊！」她笑了，但眼眶濕了。

「不過，聽你剛剛描述，在這個職位以來，你的各項表現都很好，不是嗎？工作也一直很順利，而且還是同階主管中最年輕的。這些肯定與實際的客觀表現，對你的意義是什麼？」

「這些人可能被我『暫時的表現』給騙了吧！因為我能力不夠，所以我才需要非常的努力，用來補足那些不夠；有一天，我會被他們看破手腳，發現我根本『德不配位』，能力根本配不上這個職位，大家都會覺得我很假，而且就算我出錯，別人也不見得願意幫我，還會覺得我很麻煩。」

怡琪閃著淚光。「所以我得很努力，得很努力才行。不能出錯，不能有任何一次決策的錯誤，不能沒有成功。」

不得不努力，不停地向前奔跑，像是被什麼追趕著一樣。

想要逃開的，可能是內心那個「認為自己不夠好」的羞辱感，它總是黏得這麼緊，很難甩開。

所以，我需要再努力一點才行，不能停下來，否則被它追上，我就完蛋了。

完美的「假我」

「你曾經想過，關於那些成功，你能做得到，是因為你的能力好嗎？」我很好奇，對於這個「暫時的表現」，是否從來都只是造成她焦慮的來源，而沒有給她一點點肯定與鼓勵？

「應該這麼說。我想，我大概是有一定能力可以做到一些事。不過很奇怪的是，每次要重新開始一個任務時，我並沒有因為之前的成功經驗而安心，反而會覺得，如果我下次做不到了，那怎麼辦？」

「如果下次我做不到這麼好，那怎麼辦？」這句話顯然對怡琪有極大的影響。話中的恐懼，似乎代表著，怡琪不太敢相信自己夠好，能夠維持這樣的表現；也代表著怡琪一直掛念著，別人對她的表現，永遠都有著極高的期待與標準。

而且，別人很容易對她失望；而如果對她失望了，就會發生很恐怖的事。

於是，這種覺得「不能讓人失望」，但又擔心「自己不夠好、會被看破手腳」的壓力，一直壓著怡琪，讓她死命地做好每件事、預測每個細節，希望能夠做到盡善盡美，挑不出毛病。

那麼，自己就安全了。既不會被人「發現」、認為自己能力不夠，也可以不造成別人的麻煩，可以繼續維持自我感覺良好，讓自己繼續維持這個完美的「假我」：永遠成功、永遠完美，永遠堅不可摧，永遠不會出錯，也不會失敗。

這樣的自己，是好的，是別人期待的；只要做到這件事就好，就會安全了。

否則，讓別人失望的自己，可能會被瞧不起、被嫌棄、被覺得麻煩，甚至被傷害。

●●●

對怡琪而言，每天，她忍不住懷疑自己，又「不得不」在意別人的目光、期待與要求，因此整日惶惶不安，就像每天都在接受測驗，測驗「自己夠不夠格在這世界有個位置」；**所有的成就與成功，只是對內心焦慮暫時安撫的麻醉劑**，而非是能夠化成自我肯定，甚至自我價值的禮物[1]。

於是，**越成功**，**越害怕**：越被人期待，越害怕讓人失望。在意別人對自己的看法，成為推動自己進步，卻也是傷害自我價值的關鍵。

因為，當我們一直都在問：「別人想要我做什麼」，而不是「我自己想要什麼」時，所有因而得到的成就，是給別人的交代，而不是自己的引以為傲。

所有在意他人的努力，回過頭來在自己身上，反而變成了傷。

1 冒牌者現象（impostor phenomenon），由Pauline Rose Clance與Suzanne Imes於一九七八年提出。

自戀的鋼鐵先生：只要我不在意任何人，我就不會被傷害

「所以說，太在意別人的期待跟想法，就很容易受傷啊！為什麼要這麼在意別人？」

昱禹攤開手，他笑了笑。

「不得不在意別人，就是對自己很沒信心的證明。與其花時間去考慮別人的需要是什麼，還不如多花點時間，知道自己想要什麼，目標是什麼，然後去做。花太多時間考慮別人，只會阻礙自己而已。而且，就算你考慮別人，別人不見得會考慮你，也不會幫忙你。倒不如把力氣留給自己。」

聽昱禹這麼說，其實乍聽之下，還滿有道理的。

（狀態顯示：差點被說服的心理師。）

過度
努力

一堵無形的牆

不過，昱禹會來諮商，很大的理由，就是在**關係的疏離**上。昱禹的太太，覺得沒有辦法靠近昱禹，常常不知道他在想什麼；在婚姻裡，太太時常覺得寂寞。她曾經對昱禹說過，認為他在世上最重視的人，就是自己。

他的世界，似乎沒有其他人在。

我想像，對他太太而言，或許就像面對著一堵無形的牆，看起來沒有任何問題，但怎麼樣，都進不去昱禹的內心。

如果是這樣，那是很挫折、很寂寞的感覺吧。

雖然太太在多次「溝通無效」後，想要接受身邊人的勸告，安慰自己：「婚姻大概就是這樣吧！」勉強「接受」、「忍耐」他這樣的個性，習慣了就好；但開始有了小孩，太太發現昱禹「太過自我」的性格，讓太太更加挫折，不知道怎麼跟他溝通，所以，希望他能夠來諮商。

否則，可能沒辦法跟他繼續這個婚姻。

整體而言，目前對昱禹來說，就是個**存亡之秋**。

所以，昱禹來了，但顯然他不覺得現在的生活有任何問題，也不認為諮商能幫他什麼，因為他**沒有需要**。

「我太太想太多了啦！她會突然『牙起來』，說什麼很難靠近我，不知道我在想什麼，抱怨我什麼都不說，還對我說，她感覺，她跟兒子對我都不重要。

「我真是不知道她在講什麼，這就是生活啊！我努力工作，不就代表我很在意他們？是還要跟他們說些什麼？我就沒有想法啊！

「她說，想知道我每天發生什麼事。每天我就是寫程式，都是做類似的事情；有發生事情的話，也是一些狗屁倒灶的事。發生了、心情已經夠不好了，難道她希望我回來，再把那些會讓我心情不好的事情再講一次，讓家裡氣氛變很差嗎？」

昱禹聳聳肩，一臉不解。

昱禹沒有說出口的，或許是：人生都已經很辛苦了，可以不愁吃、不愁穿，過好每一天，不是已經很好了嗎？為什麼要有那麼多感覺？

感覺太多，自己不能排解時，就會需要別人幫忙；需要別人太多，就會被別人影響，那麼，就不能掌握自己的生活與感受了。

「所以，你覺得自己現在這樣很好，因為可以掌控所有的事情，包含自己的感受，自己的需求……不知道為什麼，我有個感覺，你好像在逼自己**不可以需要任何人？**」

聽到我這麼說，昱禹愣了一下。

「我沒想過。」

我看著他，什麼都沒說。

我們之間出現了一段不短的沉默。

昱禹看著我，露出「你幹嘛不說話」的神情，見我一直不接話，忍不住打破沉默：「只是，如果太需要別人，就會很容易失望。」

「怎麼說呢？」

「講了，又有什麼用？說不定還被覺得麻煩。」昱禹往後，攤進沙發裡，閉上眼。

原來如此。

不論是別人做不到，所以幫不上忙；或是別人不想，所以不幫忙，都會讓人很失望。

別人可能會因為能力不夠而做不到我想要的，說不定還要我幫他擦屁股。或是，別人比較在意的人是他自己，而不是我。所以即使知道我的需要，還是不想來幫我，甚至拿我的脆弱與需要來傷害我，認為我應該要獨立自主，不可以那麼依賴、不可以那麼不堅強。

當期待自己身邊的人是有能力、可以保護或幫助自己的，卻在一次次的期待落空後，發現：

「原來，可依靠的人，還是只有自己」時；帶著期待，別人卻不能、或不願幫忙，那種失望，不但令人孤獨，也讓人受傷。

「倒不如像現在這樣，「不期不待，沒有傷害」。自主與獨立，有時雖讓人孤單，卻至少讓一切受控；**沒有期待，就不至於會失望，也不會因此感覺到「自己對別人是不重要的」而受傷。」**

我就跟別人一樣，在意自己就好了，因為別人也不一定在意我。

不要把自己的感覺說出來，那就不會有人知道，也不會拿我的脆弱來影響、傷害、攻擊我，我就不會受傷。

那我就可以一直很堅強，就可以一直是安全的。

會這麼想，是很自然的。

畢竟，基於過往受傷的經驗，若我們真的表現了內心真正的感受與脆弱，真的沒那麼堅強，真的「不夠好」時，我們當然也會忍不住懷疑：

這樣「不夠好」的我，還能得到現在有的關係、他人的看重，與現在的成就嗎？

我永遠都不夠好：

把自己打趴的自責小姐

「不夠好，就會很丟臉啊。」欣卉嘆一口氣。「我們這個家族，不只是兄弟姊妹互相比較，還有比小孩。小孩除了要跟手足比較，還要跟堂兄弟姊妹、表兄弟姊妹比。」

「簡單地說，我就是在『比較中』長大的。稍有不慎，就會被說：『你看看那個誰誰，人家多厲害，然後你喔……』可能是表哥表姊或堂哥堂姊，也有可能是我自己的姊姊或弟弟，從成績表現、外表、工作到交往的對象、什麼時候結婚生小孩。你永遠都不夠好，永遠都有人比你更得爸媽的歡心。」

「你很希望得到爸媽的歡心嗎？」

我看著她，想像她經歷的生活，是如何讓人喘不過氣。

「以前曾經很在意，現在已經放棄了。因為，不管怎麼做，他們都不會滿意，也永遠都有一個比你更好的人，做比你更厲害的事。」欣卉苦笑了一下。「不過，說我不在意，好像也不完全對。**可能我沒辦法去工作，就是一種反撲吧！**」

疑似恐慌

欣卉會來找我，是在一次工作會議中，被主管質問專案內容有錯誤時，欣卉突然喘不過氣，出現過度換氣的狀況。後來又在家裡、工作場域中發生過幾次這樣的狀況，被醫生診斷為「疑似恐慌」。她的朋友建議她除了看診，也可以來做心理諮商，瞭解自己壓力的成因。

不過，坐在這間房間裡的我倆心知肚明，對於壓力的重要成因之一，欣卉其實很清楚；困難的部分，或許是自己對於這個「成因」的無能為力。

「我不是不想努力，只是，不管再怎麼努力，永遠達不到他們的標準：不夠美、成績不夠好、不夠有禮貌、不夠大方、不夠聰明、成就不夠高……」

不夠不夠不夠……
再怎麼努力，總是不夠。
自己，就是一個不夠好的人。

父母批評自己的話，內化在自己心裡

即使到了某個年紀，父母對自己的要求已不如以往這麼高；或許，也不如以前這麼挑剔自己。但最麻煩的是，他們挑剔的話語，已經被欣卉聽得太過習慣，全部囫圇吞了進去，內化成自己內在的一部分。

於是，當自己犯錯，或是擔心自己有事情做得不夠好時，欣卉就會如自己父母般地挑剔、辱罵自己，自責自己做得不好，覺得自己很丟臉、很糟糕。

特別是犯錯的時候，更讓欣卉覺得，自己是個沒資格活在這世界上的人。

為了避免犯錯，欣卉總是會讓自己準備再準備，事前各種未雨綢繆。當然，也會有些時候，因為太擔心犯錯，而不敢嘗試新的工作；或是被要求晉升、承擔一些責任時，欣卉會裹足不前。

有時候，可能甚至會用逃避、躲起來的方式，面對工作上的期待與須負的責任。

這也使得欣卉的工作表現，看起來非常不穩定：有的時候，自我要求高，也很認真、努力，因此能夠做到不錯的結果；但若所指派的工作是新的、沒接觸過的客戶或業務，在其中遇到太大的挫折，或是需要承擔較大的責任，讓欣卉感覺自己無法「完美」時——她就會跑回家躲起來，好幾天無法上班，也沒有辦法面對做不到這些的自己。

這個反覆的過程，讓欣卉的主管覺得很頭痛。實際上，欣卉的主管認為欣卉的工作能力不錯，但是給自己的壓力太大。她時常提醒欣卉：「會犯錯是正常的，會給你比較多、比較難的工作，是因為你的能力做得到。」主管也多次對欣卉暗示過，其實是有意想要晉升她上來，讓她當小主管帶人。

但當主管給欣卉較複雜的業務，需要負較大管理責任的專案時，感覺到左支右絀的欣卉，不擅長向人求助，又不知道怎麼面對自己沒辦法把事情做到「完美」；於是，不去公司的狀況變多了。

後來，就發生「過度換氣」的狀況。

他們都抗壓性很高，只有我……

「你請假沒去工作的時候，家人的反應是什麼？」我忍不住問。畢竟，如果就如欣卉所說，欣卉的家人是對她要求很高的，那麼，對於欣卉的狀況，可能很難坦然接受。

「他們一開始，就是說我抗壓性很低，罵我說：『為什麼這點事情都受不了？這樣怎麼出去外面跟別人競爭？』

「有幾次在他們念我的過程中，我突然又發作，很明顯過度換氣到快要死掉的樣子，他們被嚇到了……現在他們就不太敢說什麼。只是，有時候我在家，其他親戚朋友來訪時，父母會很想要掩飾『我沒辦法去工作，所以待在家裡』這件事，都會說我之前工作太累，『剛好』放特休。」

講到這裡，欣卉笑了，但笑容極為苦澀，就像吞進什麼很難下嚥的東西。

「其實不只爸媽，姊姊跟弟弟對於我這個樣子，也完全不能理解。我知道對他們來說，這樣的我很丟臉。他們『都』抗壓性很高，面對困難『都』能解決，工作表現『都』極為優秀，當然壓力也很大，但是他們沒人像我這樣。

「我姊姊甚至跟我說：『大家都是同個爸媽帶大，哪些難聽話沒聽過？為什麼要往心裡去？搞得好像大家欠你很多。』」

欣卉又笑了。

「我覺得最難的事情，是他們說的我都知道，我也很希望自己可以跟姊姊、弟弟他們一樣堅強，一樣不會受傷，一樣知道怎麼去適應社會的嚴苛，相信這些嚴苛都是讓我進步的可能，讓它變成自己的養分。但是，我就是做不到。」

「不夠好」，是她內心長久的傷痕與自我懷疑

心裡很想做到，但是身體卻先無法承受。

那就代表，這個創傷，對於欣卉而言，是超乎她能夠承受的。

那並不是因為欣卉的抗壓性低。實際上，所謂的壓力是主觀的，也就是「理想的自己」與「現實的自己」的差距。差距越大，就可能越會造成壓力。因此，即使是面對同一件事情，對自我的要求越高、越希望自己達到很高的標準，越可能會造成極大的壓力，而這是他人無法想像的。

或許是因為欣卉的自我要求標準極高、要求自己必須要「完美」；從小父母一直提出過高的標準與比較，欣卉比誰都還放在心上，極力要求自己需要去達到、去完成。

但這些對「完美」的追求，可能並不合理。

因為，我們是人，不是機器。

的確，這樣努力的欣卉，在進入這個職場前、在他人眼中，她各方面的條件都是很好的，不論是學歷、能力、外表、待人處事等。

所以，以前她努力把父母的標準，化為自我要求，甚至自我批評與挑剔的標準，這個生存策略，是可以奏效的，能讓她達到父母一定程度的滿意標準，也讓她自我感覺好一些。

可以暫時安撫「覺得自己不夠好」的焦慮。

雖然這個「不夠好」，其實是她內心長久的傷痕與自我懷疑。

但面對職場的變化，以及因為能力不錯，所以被賦予的工作任務越來越難，責任越來越大，以前的生存策略已經無法完全管用，「要求事事完美」且「自我批評」的習慣，反而成為現在壓垮她的最後一根稻草。

我們會想要保護碎裂的自己

很多人或許不理解，同樣的父母、同樣的壓力，為什麼有些人可以繼續生活，有些人會承受不住。

因為，我們的內在，如何評價「自己做不到」的這件事，也會沉甸甸地壓在我們心上。

如果，我的想法是：「現在我做不到，不代表以後我做不到，我可以再加油！」這種認可自我、鼓勵性的話語，那麼，我對自己的感受會極為不同。

因為此時，我心中升起的，是「我沒有做好」，而不是「沒做好這件事的我，是不好的」。

感受到「我現在沒做好，但日後可以」，帶來的是一點「罪惡感」，以及一點期待自己可以再努力一些的「希望感」。這些心情，是可以支持我繼續努力、繼續追求目標的能量。

但如果，以前自己接受到的訊息是：「我做不好，就等於我不好」；而心，在鋪天蓋地的批評中，加上自我要求與自我懷疑，讓自己真的相信了這件事——

我們就會在每一次的失敗中，感受到嚴重的「自責」與「自我厭惡」，這正是讓人感覺到自己很糟糕的「羞愧感」。

沒有人能持續面對這麼大的羞愧感，於是，我們會想要保護剩餘不多的、碎裂的自己，我們就會想要「逃走」——

不論是自己的內在世界，或是電動、購物、繭居、藥、酒、食物等上癮行為，我們可能就會想要逃到這些其他的事情上，幫助自己不會這麼難受，不用去面對這個失敗或困難。

這樣，我們就不會一直感受到「不夠好的自己」，不會一直對自己失望。

因為，「對自己失望」，或是感受到「別人對我失望」，對欣卉、對許多人來說，真的是一件非常痛苦、非常難以承擔的事情。

這種從父母那邊承接過來的，「自我要求」、「自我批評」的習慣，打趴了欣卉，也癱瘓了她的能力，讓她不知道該怎麼辦。

只是，真能不在乎別人的期待嗎？真的可以「做自己」嗎？

戴著面具的小木偶：
但是，我早就忘記自己原本的樣子

「做自己，只是讓我變得很奇怪，讓身邊的人丟臉而已。」

美惠說著這句話，面無表情。

中性打扮與外表的美惠，有著與他外表風格不同的名字。從名字與外型的衝突，隱約可以感受到，他對自己的看法，與原生家庭、父母期待的可能落差。

「從小，我媽媽就希望我站有站相、坐有坐相，希望我看起來可以『淑女』一點。她很喜歡買裙子、買洋裝給我和姊姊穿。姊姊就比較可以做到，她可以穿著很淑女，動作也很有氣質；我就沒辦法，怎麼穿，怎麼彆扭。」

美惠聳聳肩，帶著一點「我無所謂」的帥氣與灑脫感。「小時候，我會為了不想穿她規定的衣服，打死不出門，不管是上學，還是出門逛街、吃喜酒之類。

「媽媽當然很生氣，會一直打我，打到我穿為止，我就更不肯穿。有一次，媽媽甚至氣到受不了，大聲吼我說：『我真的很後悔生了你！你給我滾！』」

想像那時的狀況，我忍不住替他難受。「那時候，你幾歲？」

「小學三、四年級吧，不太確定，只記得我還很小。那是我第一次認真思考：『如果我離家出走，我可不可以活下去？如果不行，我得去依靠誰？』」

「後來呢？」

「後來當然發現，沒有人可以依靠，沒有人可以收留我啊！」

美惠大笑，像是講著別人的事。

像木偶一樣，忍耐

「所以我就是忍，想著有一天，我可以靠自己自力更生，搬出去這個家之後，我就能穿我自己想要的衣服，做我自己想做的事。

「只是，慢慢發現，『自己』好像是奇怪、是丟臉的。我不會想穿女生的衣服，對於一些女生喜歡的東西，像是玩具、首飾、化妝品，我也沒什麼興趣。我喜歡打球，有時會跟弟弟玩在一起。年紀越來越大之後，這些行為，被那些大人，包含我媽、學校老師，覺得我很奇怪。」

美惠緩緩地說，我慢慢地聽。

「記得國中的時候，有一次，有個親戚來家裡，我跟他打了招呼就進房間。當時我覺得他表情有點怪異，但我沒想太多。

「後來親戚走了，我媽像瘋了一樣衝進我房間，拿掃把狂打我。我無緣無故、沒頭沒腦地被暴打一頓，超誇張的，你知道嗎?!後來我才知道，那個親戚離開時，對著我媽說，我這個樣子，不會是同性戀吧？

「他跟我媽是同個教會的，我也知道我媽對同性戀，根本就無法忍受。所以聽到他這麼說，我媽大概覺得很丟臉。」

講著這些經驗的時候，美惠還是笑。

看著他的笑，我的心裡很酸、很酸。

「從此之後，我媽更拚了命地想糾正我，從服裝、行為到思想，我超像活在思想改造營一樣，而且她還一天到晚要我上教會，『洗滌汙穢的思想』。我當然就是能逃拚命逃，能陽奉陰違就陽奉陰違。幸好那時候上學都是穿制服，平常上教會，被要求穿裙子，我就讓自己像木偶一樣，從穿衣到上教會到回家，做完這一整套儀式，就是忍耐。」

「你怎麼看那時候發生的這件事？怎麼看自己？」我問著眼前一直保持微笑的美惠。

過度努力

「當然覺得自己很慘啊！不過，也從那時候起，我覺得：『做自己』好像是一件汙穢、有罪的事。從別人的眼光發現，別人覺得我是爛的、髒的、噁心的、很糟糕的。

「雖然如此，我還是很想穿我想穿的衣服，做我自己想做的事情。

「考大學時，我填了一個離家很遠的學校，『不顧我媽反對』，一定要離開這個城市。我媽那時非常生氣，但不管如何，我還是成功逃離了。」

不論說到多麼難受的經驗，美惠總是笑著。

「後來，你和媽媽、和家人的關係，有什麼變化嗎？」我問。

「後來，就是久久回去一次，衝突是比較少，只是，我媽講話還是一樣惡毒。不過，隨著我姊出嫁、我弟上大學之後根本不回家，我媽對我的態度有比較好，但是，她變得很依賴我，常常要求我可以幫她做很多事情，用的方式就是，啊，你很懂的，就是常說的『情緒勒索』！」美惠拍著腿，大笑。

「不做的話，就是我很不孝，或是她很慘、養小孩很辛苦，結果長大都沒人感謝她。其實，從小她就比較疼大姊跟弟弟，最不喜歡的就是我，但是現在，她最依賴的卻是我，很諷刺吧！」

美惠總是笑。說到特別痛的，他笑得特別開心。

心悸、喘不過氣

「現在，她如果想到，就會打電話給我，要我回家，或是要我去問問弟弟要不要回家。弟弟從幾年前就不太跟家裡聯絡了，偶爾還會接我的電話。我媽也會時不時打來哭訴，說她為這個家努力那麼久，都沒有人愛她，小孩都不回家。

「我本來覺得，我也只是聽，雖然有點煩，但應該還好。只是最近我發現，現在看到打來的是她的來電顯示時，常常會有心悸、喘不過氣的感覺。醫生說，我可能有焦慮症。」

美惠嘆口氣。「我覺得很煩，也想跟我弟一樣不回家、不接電話，或是跟我姊一樣裝忙，一推三四五敷衍她。只是，看我媽這樣，很可憐。」

「那你現在，能回家嗎？」

「回是能回，**就是痛苦**。她沒辦法不念我，也沒辦法不對我失望，我卻是她現在唯一留在身邊的選擇。」美惠笑了，笑容的苦澀，讓人不忍咀嚼。「所以我會讓自己變回以前那樣，**沒有感覺**，這樣在家裡比較待得下去。」

不敢拒絕別人，怕別人不開心

「不過日常生活裡，我似乎在哪裡都**沒有歸屬感**。面對別人對我的要求，我不敢拒絕，我怕別人不開心。為了不讓別人難受，我就關閉自己感覺，待下去，直到我在一個地方待不下去為止。」

「你好像覺得，一定得順著別人、改變自己，你才能在一個地方『有位置』，才能待得下去？」我忍不住問。

「對啊，很諷刺吧。**逃出家是為了『做自己』，但是後來卻發現，在哪裡，我都不敢『做自己』**。」他沉默了一陣，突然抬起頭，看向我。

「我發現，我早忘了，『自己』到底是什麼樣子。」

在日常生活中，**我們把自己一點、一點地交了出去，用來交換愛、交換不被責罵或鄙視，希望被接納**，或是希望能在這個世界上獲得一點位置，能夠生存、能有一點喘息的空間。

就在這樣的生活中，我們勉強自己，也丟失了自己。而自己，原本又該是什麼樣子？

我們還記得嗎？

完美媽媽：

我要先滿足所有人的要求，才有機會做自己

「『沒有自己』是正常的。當媽媽之後，全世界都不希望你有自己。」

我面前是一個打扮入時的超級美女，動作也極為優雅，坐在諮商室的沙發上，敝所立即蓬蓽生輝，閃閃發亮，彷彿搖身一變成為時尚雜誌的攝影棚。

我忍不住想到一句話：「整個世界，都是我的攝影棚。」

超級吻合。

這樣的她，完全看不出來是兩個孩子的媽。她是雅文。

一年前，因為憂鬱症與朋友介紹，雅文輾轉找上了我。那時候的雅文是家庭主婦，生了一對雙胞胎的她，在婆婆、先生的「期待」下，放棄了原本高薪的工作，專心在家裡帶小

孩。

身為新手媽媽，沒有幫手，也沒人可訴說。帶孩子的過大壓力與失控感，和她以前在工作中的狀況很不一樣。工作上的她，呼風喚雨，工作與解決問題能力極強，幾乎沒有能難倒她的事情。雅文討厭失控感，所以她喜歡、也習慣控制每一件事情，希望事情都能按照自己的計畫走。能力很好、做什麼事都學得很快的她，也成功地讓她的生活一直都井然有序，各方面都非常完美。

直到她生了小孩，成為「家庭主婦」，一次還來一對雙胞胎。嬰兒完全沒得商量，也無法控制、難以理解，加上沒有人幫她，讓雅文第一次感受到生活的失序，與自己能力的極限。

「原來，我不是每件事都做得到。」

那是極為無力的感覺。

我不見了

「你會感受到很深的失望，不只是對身邊的人、對老公，對那些沒伸出援手，卻意見很多的人；還包含對你自己的失望。」

雅文喝了一口水，順手優雅地擦掉水杯上的口紅漬。

「回頭來看，生了孩子之後，真的失去了很多東西。最可怕的是，你突然不認得在鏡子裡的那個人是誰，那個看起來兩眼無神、蓬頭垢面的可憐鬼是誰；然後，你才發現那是你。」她一邊的嘴角上揚了一下。

「那時候，我時常覺得寂寞孤單；最孤單的感受，是你發現：你再也回不去以前的樣子，你自己不見了。」

不過，不習慣讓別人失望的雅文，仍然拚了命地做好每一件事：照顧小孩、夜奶、整理家務、做飯……雅文讓自己機械式地做好每一件別人期待她「應該」做的事情，直到她撐不下去，失去動力為止。

「後來醫生跟我說，我罹患憂鬱症。老實說，我很驚訝，我一直以為，像我抗壓性這麼高的人，不可能會憂鬱。原來，我還是過度高估自己的抗壓性。」雅文自嘲地笑了笑。

或許憂鬱的出現，與其說是雅文自認的「抗壓性太低」，還不如說，是在這樣忙亂的生活中，沒有任何援助的狀況下，面對「被迫犧牲掉的自己」，所帶來的失落與難受。

天天覺得自己「不好」。那個「好的自己」，不知道跑哪去了？還能不能找回來？

這個「憂鬱」，雖然一點都不討喜，但最大的功能，可能是提醒了忙到沒有時間難過的雅文，讓她有機會好好難受，知道自己丟失了什麼寶貴的東西。

我就是要做到完美，堵住你們所有人的嘴

「過了快一年，我終於決定要回歸職場。幸好之前的老闆很幫忙，他願意讓我有幾天在家工作、幾天去公司。我也找了到府服務的保母，讓我在家工作時，一樣能專心。這些安排下來，我覺得以前的自己似乎又回來了，好像變得越來越有力氣、越來越積極，也越來越快樂。

「我不但把工作處理得很好，我也要求自己，一定也要把小孩、把家裡打理好。我絕對不要讓人有機會說，我出去工作，都不管家、不管老公小孩。我就是要做到完美，堵住你們所有人的嘴。」

雅文笑得像個女王。

「雖然我每天都很忙，但我很滿意，因為至少我的工作效率回來了，我的成就感回來了，原本的自己也回來了，一切都很好，只是……」雅文頓了頓。

「只是，我開始有購物的習慣，一陣一陣的。突然會有一股衝動，很想買東西，而且花很多錢買，買回來就放著，甚至曾經一口氣買好幾個幾萬元的包包……我以前不會這樣。

「發生了一陣子之後，我先生逼我去回去看醫生。我雖然百般不願意，但還是去看了。結果，醫生說我有輕微的躁鬱症，我會瘋狂買東西的時候，就是躁症發作。」

說到這，雅文笑著，嘆了一口氣。

「聽到醫生這麼說的時候，覺得怎麼樣？」

我想像，如雅文這麼自我要求高，又極為自我控制的人，對於自己的「脆弱」或「失控」，不管是心理上或行為上的，可能都很難接受吧！特別是，原本以為已經控制好「憂鬱」症狀的她，居然又被診斷成躁鬱症。我想，對她而言，醫生所做的診斷，或許是一個很晴天霹靂的打擊。

「當然是覺得……很驚訝吧。怎麼狀況不好的時候是有病，狀況好的時候，也是有病？」

雅文苦笑，露出無可奈何的表情。

「疾病」的發生，是種求救

對於很多人來說，出現了心理症狀，甚至被診斷成疾病，是一件很難接受，也很難不標籤化自己或他人的事情。可能會忍不住想：「是不是我抗壓性太低？」「我是真的有病？」等更傷害自己的想法。

不過，身為一個心理師，加上我自己的學派，讓我對於心理疾病的看法，多半不太用「疾病」的觀點去看這個人或這個症狀，比較會用「適應」的觀點來看這個症狀。

例如，關於一些心理症狀，除了體質影響，也或許是目前生活適應上，在面臨極大的壓力與自我要求，身心無法負荷，卻又希望達到意識的期待與要求，於是藉由發展出一些心理症狀，來平衡身心，紓解無法說出口的壓力。

如果不靠這些方式紓解，也許就有其他內爆的可能。

這樣的症狀或行為，的確會造成生活上的其他問題，卻**可能是我們身體與心理，唯一能夠和過度努力到沒辦法注意自己的我們對話的方式，提醒我們：「該好好檢視目前的生活，是否有事情不對勁？」**

只是，對於事事要求完美的雅文來說，出現的這些症狀，就像失控的雲霄飛車，一頭撞進她的生活，把她所有井井有條的安排，撞得東倒西歪、七葷八素。

也撞出她對「失控」的恐懼與焦慮。

「不能靠意志力、按照自己的標準做到一切的我，還是我嗎？」雅文喃喃自語。

●●●

一路追求完美的雅文，或許想要的，就是「夠好」：感覺自己夠好、夠有用，就可以讓自己感覺到「安全」。

如果我不夠「完美」、不夠「有用」，做不到別人的期待，我還是我嗎？

不「有用」就沒有用：

必須「最好」的有用醫生

「我其實很好奇啦。應該說，我也不是個完美主義者，只是，如果不『有用』，也不努力，那活在這世界上要幹嘛？」

育仁是個第四年的住院醫師，剛開始總醫師的工作。他最近發現在醫院工作時，越來越難控制自己的脾氣。很容易沒耐心、煩躁，也在醫院崩潰過幾次，甚至不小心和同事、教授、病人起衝突。後來，因為朋友的推薦，來這裡諮商。

育仁所待的醫院，在台灣可說是數一數二的指標型醫院，相對地，院內的工作壓力、競爭都非常激烈。育仁是從這個醫院的醫學系升上來的，從求學過程開始，就沒有一天輕鬆過。就像育仁在第一次諮商時所告訴我的：「就算一開始，你自以為自己在高中裡是個人才；來到這個學校、這個系時，你也會修正對自己的看法，應該說，會先被打擊一番。」

「怎麼說？」

「因為強者真的太多了。系上有太多神人般存在的人。有一路保送上來的、有出國回來的；都念第一志願、資優班的就不說了，很多都是，那個叫做基本款。」育仁笑著說。

「有人都沒念書，還是輕輕鬆鬆考得比你好；有人不論再忙，仍然拿書卷獎；有人看起來普通，但突然在某些超難的科目，像是病理，成為大家的調分障礙。

「原本你以為自己是個還算特別、還算努力，也還算聰明的人，但進來這裡之後，你會發現自己普通到不行，甚至有點笨。

「在大學的時候，拚的是念書。進入醫院實習之後，拚的就是臨床了。從小小的Clerk[2]、Intern[3]開始。基本來說，你就是在食物鏈的最底層，是最容易被呼來喚去、被壓榨的一群。」

育仁露出了「這是理所當然」的表情，用「表情」阻止我對他的經歷說出任何想同理的話語。

「你的實習表現跟在校成績，會成為你之後選科的關鍵。每一科的名額都不多，所以有些小科、好科，搶的人就多，所有的同學都會成為你的競爭對手。

「接下來，好不容易選到科，對方也願意選你，進去當住院醫師之後，又是另一輪被壓榨的開始。處理不完的病人、打不完的病歷；病人家屬無止境的要求跟『盧』你；因為你的白袍是短的，就不把你當醫師看，更是家常便飯；當然，有時候也要面對資深護理師跟某些「VS」[4]的羞辱。

「對我來說，最困難的事情，應該是天天都有『我什麼都做不到，也做不好』的這種感覺。事情真的很多，但你看別人，會覺得其他人似乎都很自在，都比我適應，也適合這個工作；但我，每天都覺得很慌張、很焦慮。」

說到這裡，育仁拿起面前的水杯，喝了一口水。

每天都像溺水般

「聽你這麼說，那好像是一種溺水的感覺，每天都被工作和焦慮給淹沒的感覺？」我試著想要描繪出他的日常。

實際上，光只是聽著的我，都有種喘不過氣的感覺。

「沒錯，就是這樣。」育仁點點頭。「你描述得很貼近。」

「即使已經這麼痛苦了，卻還是每天都要去上班，那一定很不容易。你怎麼撐過來的？」

「不能不去啊！沒有什麼撐不撐得住。所有的老師、學長姊都是這樣過來的。我的同學們也跟我一樣，過著這種生活。你會想說，如果他們都撐得過去，沒道理你撐不過去。

「當然，也會聽到一些撐不下去的例子，大學時就有，進了醫院，當然也有。不過，撐不下去，是很丟臉的。當這些例子，成為茶餘飯後大家聊天的內容時，雖然，可能我們也會偷偷羨慕他，可以不用再過這種生活，但是團體的氣氛就是會有一種：『撐不下去的人，就是失敗者』的感覺。

「醫院就是所謂的『弱肉強食』的環境，『弱肉』就是被淘汰、沒用的失敗者。所以，誰都不希望自己成為弱肉。」

白色巨塔版的叢林求生系列

「大家會這麼評論離開的人嗎？」

聽我問出這麼沒「sense」的話，育仁笑了。

「這種政治不正確的話，大家哪那麼容易說出口？可是，你知道在這個環境裡，其實大家都是這麼想的：鬥輸的人才離開，鬥贏的人就全拿。」

想像那樣的環境、那樣的壓力，我忍不住毛骨悚然，簡直是白色巨塔版的叢林求生系列。

過度努力

「難怪你得那麼努力；撐不下去了，還是要告訴自己得撐下去。」

「大家都是這樣的。這個工作，每個人都希望你什麼都會，你全能，你有用，你抗壓性高，你什麼問題都能解決，你可以挽回每一條生命。」

育仁突然輕輕地嘆口氣。很輕、很輕，或許他自己都沒發覺。

「你在這裡哭，會造成其他人的困擾。」

「剛開始，有病人從我手中離開時，我非常難過，半夜偷偷跑到值班室哭。那時候，跟我一起值班的學長，走進來，在我旁邊冷冷的說：

「『如果你有時間哭，還不如花時間去好好review一下其他病人，看還有沒有可以調整的。你在這裡哭，會造成其他人的困擾。』」

「哇！」我說不出話來，這真的是太嚴苛了。

「對啊，他們就是這個樣子過來的。他說得也沒錯，我們實在沒有時間難過。一個又一個的病人進來，太多人需要我們，每個人都一直跟我們『要』。病人不需要沒有用的醫生；而在這環境，只有一直努力變得很強、很棒，才能夠生存。」

「有用」，是為了別人的需求；「很棒」，是為了在這環境找到生存的價值與位置。兩者加在一起，成為鋪天蓋地的壓力。在這裡面的每個人，誰都無法逃脫。

唯有關掉自己的情緒，專注在「能力」的培養上，讓自己「有用」、「有能力」，才不會被淘汰，才可以處理每天排山倒海的事情。

也才有機會撐得下去。

「我們這裡可是每天都在死人。」

「不知道從什麼時候開始，我變得很容易發脾氣；只要有人犯錯，我就會對那個人大發雷霆。有的時候，也會突然出現很絕望的感覺，覺得到底自己在幹嘛，活著有什麼意義？

「回家後，我也變得很容易跟家人爭吵，覺得他們講的事情好無聊，可以討論比較有意義的事情嗎？

「當然，我沒時間、也不太想跟以前的高中好友聚會。聽到他們講那些生活的瑣事，我就覺得好煩。怎麼可以有人的人生這麼爽，為了一點主管的話就一直耿耿於懷，我們這裡可是**每天都在死人！**」育仁的聲音越來越上揚。

我深深感受到他的憤怒與無能為力。

「情緒」是一種保護與提醒

身為一個人，我們有自己能夠承擔的痛苦與壓力指數。面對每天無能為力的生老病死，是一個極大的創傷；當環境沒有太多的支援，而面對工作的需要，使得我們必須一直暴露在這樣的創傷下，**沒時間，也沒有方式，去消化或面對這些創傷後的情緒時，這些情緒必然會用一些其他的方式讓我們注意到。**

不論是憤怒、焦慮、憂鬱、難過……

因為我們是人，不是機器；有很多事情，不是壓下去、不去想，就沒事了。

即使我們的確有這樣的能力：「關掉情緒」，可以將情緒隔絕起來，可以讓我們專注在自己該做的事情，或需要專注力的工作上，例如醫生開刀的時候，非常需要這樣的能力。

但，這個能力如果長期使用，甚至因為太方便或無可奈何，使得這個能力成為生活適應的一環，隨時都處在情緒隔絕的狀態下，那會讓人離自己的感受越來越遠，而發現不對勁時，已經很嚴重了。

因為，「情緒」是一種提醒，提醒我們有事情不對勁，應該要留意、要調整。當我們沒有時間去注意它時，慢慢地，它會滿出來，淹沒我們生活的各方面。

而生活與自己，有可能就會因此越來越失控。

育仁就是這樣的例子。

不是他能力不好，而是太好，他把「關掉情緒」這個能力發揮得淋漓盡致，藉此在這樣艱困的環境中生存；但他本質仍是一個善感、在乎他人心情與感受的人。

當我們要自己戴著面具，變成另外一個人時；當我們要求自己「不能有感覺」時——

我們原是為了生存才做這件事，但做這件事，卻剝奪了我們生為人最基本的權利與本能。

會有這麼多感受與情緒，或許是上天賜予我們的禮物——

因為，**我們原本就是為了感受這個世界，才降臨在這世界的，不是嗎？**

2 Clerk：見習醫師。
3 Intern：實習醫師。
4 VS：主治醫師。

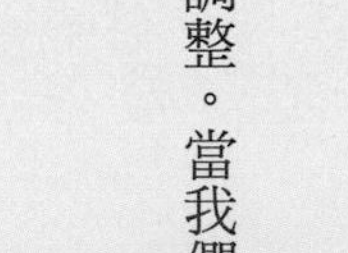

第二步

抗拒

當對幸福的憧憬過於急切，
痛苦就在人的心靈深處升起了。

——卡繆

不能說的祕密

我們不想面對的，可能是真正重要的事物

・一定要贏的明耀

「要解決恐慌症的問題，你只要告訴我，可以怎麼做就好，為什麼要跟我談我的私生活？」

當我跟明耀提出，想和他聊聊他生活的其他部分，例如他的父母，或是他的工作、他的伴侶關係時，明耀非常不爽。

「難道不能直接告訴我解決問題的步驟，我按照步驟做，就可以變好了，不是可以嗎？你們沒有ＳＯＰ嗎？

「每次一定要講一大堆，才能解決問題？諮商這個專業也太沒效率了，我哪有那麼多時間可以聊天！」

明耀又開始抖起腳來。這次更直接，同時手指在旁邊的桌面上，「咚、咚、咚」地敲著，發出急促的聲響。

完全用各種非語言行為展現出他的不耐煩，沒有在跟我客氣。

「像你說的，你是一個抗壓性這麼高的人。現在的工作壓力比起來，也沒有比以前難，或是比以前辛苦。所以我想，會不會與你的生活其他部分有關，例如跟家人的關係等，是否有什麼改變？或是對你產生什麼影響？」

面對明耀的不耐煩與質疑，我暗暗提醒自己深呼吸，讓自己說話的聲音再慢、再溫和堅定一些，只為了清楚表達：

「我是真的認為，**這對你很重要。我也想要更瞭解你。**」

聽完我說的話，明耀瞪大眼睛看著我，保持沉默，似乎想看看我在這樣的壓力下是否會退卻。

我繼續微笑，不發一語，眼神溫和地望向他。

兩個人大眼瞪小眼好一陣子之後，明耀突然翻了個白眼，嘆了口氣，整個人往後，靠向沙發：「好吧。那你到底要我說什麼？」

我似乎有一個哥哥……

「看你想到誰、想到什麼事，想說什麼，就說什麼囉。」我繼續帶著鼓勵的微笑，同時內心不停對自己喊話：「撐下去。」

「想到誰？我的家庭就很普通，爸爸在我大學時就過世了，我媽媽還在，就開一間小小的雜貨店，我家就我們三個。」說到這，明耀眼珠子突然轉了一下，像是想到了什麼，但遲疑著沒說。

「你想到什麼了嗎？」我直直地看向他，口氣和緩，但眼神沒有猶豫。

他看著我，想了想，終於說出口：「我似乎還有一個大我十二歲的哥哥。」

「似乎？」我重複他的話。

「嗯。」他抬起頭來看著我。「我說家裡只有三個人，是因為我對這個哥哥一點印象都沒有。是前陣子，我媽突然說出口，我嚇了一跳。」

「你媽說了什麼？」

「前陣子，有個在高中時很照顧我的學長，突然因為心肌梗塞過世。我收到消息後很驚訝，剛好我媽打來，那學長我媽也認識，我跟她提到這件事，順口說，我要去參加那個學長的告別式。」明耀不自覺地癟著嘴。

「我媽聽了，大概很感慨，所以念了我一下，就是她常講的那些，要我注意不要過勞，然後，她突然說：『你爸跟你哥都是心臟病走的，說不定你也有遺傳到。』

「那是我第一次聽我媽講到我哥。應該說，那是我第一次知道自己有哥哥。」

「所以在這之前，你們家從來沒有提過你哥？也沒有你哥的東西或照片？」

我聽了有點意外。

雖然說，明耀的哥哥大了明耀很多歲，也在很早之前就過世。但完全沒有提這個曾在家裡出現過的人，是很少見的狀況。親戚或家人間，應該或多或少都會提到這個人。

但他們家沒有，好似這個人從沒出現在他們家中，完全消失不見。

「對啊。所以你可以想像，我第一次聽到的時候有多震撼。我想要再多問一點，我媽就急忙掛掉電話。後來，我打電話去問我叔叔，我和叔叔，大概我爸過世之後就沒有再見過了吧。」明耀拿起水杯，喝了一口水。

「我想問問他是否知道些什麼。不過，他也講得吞吞吐吐，說他不是很清楚。總之，拼湊起來，好像我有個大我十二歲的哥哥，他在九歲那年，心臟病走掉。不過，我叔叔說，我爺爺好像很疼我這個哥哥。」

「所以，聽你媽媽說，你爸爸跟你哥哥，都是因為心臟病過世的嗎？」

「嗯，我爸是，這樣聽起來，我哥可能也是。不過我爸是因為酗酒造成的，我哥好像是先天的。」明耀不自覺地抿抿嘴。

家族不願意觸碰的祕密

「知道這件事，對你有造成什麼影響嗎？」我看著他。

「被你這麼一說，我想起來，第一次恐慌發作的時間，好像是知道這件事情之後沒多久。」

說到這，明耀突然笑了。「不會吧！我居然是因為被我媽暗示，怕自己跟爸爸或哥哥一樣有心臟的毛病，所以反而恐慌發作嗎？也太好笑了吧！」

聽著這件事，不知怎麼，一直讓我有種「怪」的感覺。

為什麼明耀的哥哥在這個家裡諱莫如深，只是因為他早逝嗎？但早逝的原因，似乎不能合理說明：為什麼這個家居然完全沒有他哥哥？

對於他爸媽來說，一個孩子的離開，他們是怎麼去消化、去面對的呢？是什麼讓他媽媽完全絕口不提？

這裡面有許多謎團，就像家族不願意觸碰的祕密般。媽媽似乎也不願意說，我想明耀也有同感，否則不會私底下去詢問很久沒有聯絡的叔叔。

知道這件事，對明耀來說，的確是有衝擊的；只是此時，我們兩個都還不知道，這件事對明耀的人生，產生多麼重大的影響。

我希望，你覺得我很好

• 不能犯錯的怡琪

「有件事情，我不知道需不需要說。」在諮商室裡，坐在沙發的怡琪，突然吞吞吐吐地說出這句話。

我很認真地看著她。現在她要告訴我的事，一定是對她很重要的事，才會需要這麼掙扎。

「什麼事呢？」

「我……壓力很大的時候，會買很多東西回家吃。吃完之後，會再全部催吐出來。」

怡琪低下頭，完全不敢看我，像是覺得自己做錯事、怕被責罵的小孩。

「祕密」往往帶著「羞愧」

「說出這件事，對你一定很不容易。這個狀況，是從什麼時候開始的？」我鼓勵怡琪多說一點。

「……從我大學時，偶爾就會出現這個狀況。有時候要趕重要報告，或是期中期末考前，覺得壓力很大時，我就會這麼做。出來工作後，好像慢慢變成一個習慣，幾乎天天都會這樣。」

「那通常是什麼狀況？你願意舉例看看嗎？」

「例如說，今天開了會，我又覺得自己很糟糕。工作結束後，我就會買很多東西回去吃，例如一大桶炸雞加上一堆薯條，還有洋芋片跟一大瓶可樂、好幾個蛋糕等等。一口氣吃完後，又很有罪惡感，很害怕自己變得很胖，所以我會再去催吐掉。

「吐完之後，會有一種『鬆了一口氣』的感覺，但也感覺非常糟糕，很討厭自己這樣。」

對怡琪來說，「暴食症」成為她無法訴說的情緒出口。吞嚥下與吐掉的那些，就像那些她無法辨識，也無法說出口的情緒與壓力。於是，暴食症變成一種儀式，成為她日常紓壓的管道，也成為她生命中不可或缺的一部分。

和怡琪一起，面對與安撫自己最糟糕、最不堪的樣子。

只是，**這樣的過程，雖然讓壓力暫時緩解，卻也帶來更大的「覺得自己不好」的羞愧感。**

強大的自我懷疑——懷疑自己能力不夠、自己不好，以及暴食症等，都成為怡琪生命中不能讓別人知道的「祕密」。

而「祕密」，是帶著「羞愧」的：只要需要掩蓋某些事，那些事就會讓人覺得丟臉、覺得自己很糟，因為「這件事不好，不能讓別人知道」。

若長久不說，本來是我們「覺得這件事不好、很丟臉」的**罪惡感，就會轉移到自己身上，變成「覺得自己有地方不好、不能讓別人知道，很丟臉」的羞愧感。**

對怡琪來說，如果這是隱藏那麼久的祕密，現在要說出口，要面對自認不夠好的自己，是非常需要勇氣的。

以「吃東西」來撫慰自己

「聽起來，這個習慣陪你度過很多辛苦、卻沒有辦法跟別人訴說的時刻。我很好奇，用『吃東西』來撫慰自己，這是你一直以來的習慣嗎？還是大學才開始呢？」

怡琪開始玩起她的手指。

我們之間，沉默了。

過了一陣子，像是下了決心般，她突然抬起頭來，對著我倒出這些話：「從我國中開始，我就會一直吃東西。那時候我是個大胖子，沒有人喜歡我，爸爸會打我，媽媽不要我。」

我看著她，她看著我。

「你剛剛說的是很重要的事。願意再多告訴我一點嗎？」聽到她的話，我的心揪成一團，我放慢我的聲音，鼓勵怡琪再多說一點。

開了個頭之後，要多說一些，似乎就比較容易，怡琪娓娓道來自己的成長歲月。

「媽媽，不要走。」

怡琪是獨生女，從小爸媽就常打打鬧鬧；嚴格說來，是爸爸喝酒之後大吼大叫，然後媽媽回了幾句話之後，就被打。從怡琪有印象以來，就不停看到這樣的衝突；甚至有的時候，爸爸還會為了氣媽媽，把怡琪抓過來打給媽媽看。

記得是怡琪十歲左右，父母的某一次衝突，喝醉酒的爸爸，又再一次打了媽媽後，媽媽隨手拿起自己外出的包包，然後衝出家門。

當時還是小學生的怡琪，記得自己跟在後面跑，一直哭著說：「媽媽，不要走。」

那時候的她，有一個很深的預感：「如果現在讓媽媽走，媽媽就再也不會回來了。」

沒想到，預感成真了。

她還記得，那時候，在她的呼喊下，媽媽停了下來，看了她一眼。

然後，頭也不回地走了。

從此，再也沒有回來過。

我應該恨爸爸，但其實很難

「後來，你是怎麼度過的？」

怡琪跟我分享的事，很重、很重，沉甸甸地壓在我的心上。

「生活還是要過。我爸還是照喝酒，有的時候想到，也可能對我拳打腳踢。他還會對著我一直罵媽媽，說媽媽就是不要我了。」怡琪笑了，眼眶帶著淚。

「我應該恨他，但其實很難。因為他仍有疼愛我、對我好的時候，例如沒喝酒的時候。他會記得我喜歡吃什麼，不管要排多久，他都會去排隊，然後買回來放在桌上，裝作不在意地說是別人送他的。

「我知道，他是愛我的。」怡琪流下眼淚。

「國中的時候，我姑姑跟我爸說，我很會念書，最好讓我去念升學率比較高的學校，我爸就送我去念一家很有名的升學國中。

「換了個新環境，大家看起來都很厲害，我不知道怎麼跟別人相處；而且，班上有個同學，是小學隔壁班同學，住我家附近。我老家在鄉下，一點事情大家都很清楚，那個人就到處跟別的同學亂講我媽離家出走的事。

「因為他，再加上那時候我又醜、又胖，又不會說話，所以根本沒有人想跟我當朋友。我不知道該怎麼辦，只是覺得自己好寂寞、好寂寞。

「那時候回家，我就是念書，跟吃東西。沒有多久，我就從胖，變成超胖，被笑是家常便飯。連我爸爸都會嫌棄地對我說：『你會念書有什麼用，這麼胖，以後沒人敢娶你。』」

說到這，怡琪的眼淚撲簌簌地掉下來。

「聽到他的話，我忍不住嗆他說：『結婚有什麼好，你老婆還不是被你打跑！』然後我爸就賞我一巴掌。」

怡琪又笑。那種笑，真的讓人不忍。

「被你這麼一問，回想起來，好像就是那時候，我很習慣靠吃東西紓壓，感覺到自己很糟、很寂寞的時候，就吃東西，不然，就念書。」怡琪用手背擦著眼淚。

「『覺得自己很糟』的感覺，是覺得自己不被喜歡嗎？你那時候是怎麼看自己的？」

「沒錯。我就是覺得，我不會被任何人喜歡，沒有人會愛我；如果我沒用，別人就會拋棄我。你看，我媽就是覺得我是拖油瓶，所以她離開，根本沒有想帶我走。」

那是很深、很深的孤單，也是很深、很深的痛。

媽媽丟下了我，把我留給爸爸，不管我的死活。

是不是因為我不夠好，所以你才不要我？

對怡琪來說，那時候不會拋棄她的，就是食物了。在被愛的渴望與不被接納的寂寞當中，沒有兄弟姊妹一起面對這一切，也沒有朋友；會傷害自己的爸爸，又是唯一的照顧者，雖然沒辦法狠下心來恨他，卻也不敢讓他靠近。

於是，**能夠陪伴自己不寂寞的，就只剩下食物；能夠證明自己還有點價值，可以活在這世界上的，只有學業成就。**

這兩樣東西，成為後來陪伴怡琪、度過一次次自我懷疑與難關的重要夥伴。

「我其實不太跟別人講家裡的事。例如現在，我身邊沒有人知道我家裡的狀況。」她有些猶豫地看著我。

「你很在意，你說出來之後，我是怎麼看你的嗎？」

怡琪遲疑了一會兒，點點頭。

「那你要不要直接問我看看？」

怡琪盯著自己的手，然後，抬起頭看向我，不過，不敢對上我的眼睛。

「你……聽了，覺得我怎樣？」

「我覺得，你真的非常、非常的努力，真不容易。」

怡琪抬起頭、看著我，我看著她，我們同時紅了眼眶。

眼淚，汩汩流出。

不願碰觸的禁忌

逃不開的過往

・自我的鋼鐵先生

第一次與昱禹談完後，我提出一個建議：

他會來談，主要是和伴侶之間的溝通困擾（雖然他似乎一點都不覺得困擾），所以我邀請昱禹的太太可以一起來，和昱禹一同進行伴侶諮商，也詢問昱禹的意願。

昱禹一臉可有可無地聳了一下肩，說他回去再跟太太說，看她願不願意一起來。

第二次見面時，昱禹與太太一起來了。

我就跟沒有老公是一樣的

「我常覺得很挫折，不知道他在想什麼，他也不知道我在想什麼。」進諮商室後，兩人一在沙發上坐下來沒多久，昱禹的太太芯玲立刻開宗明義，說了這段話。

昱禹一句話都沒說，蹺著腳，整個人靠在沙發的最邊邊，離芯玲很遠，轉頭看向窗外。

「你要說說看，發生了什麼事，讓你有這種感覺嗎？」我鼓勵著芯玲。

唯有他們願意多告訴我一些兩人相處的狀況，我才有機會可以稍微瞭解，他們之間發生了什麼事。

「先講讓我覺得最無力的事情好了。我知道他工作很忙，常常需要加班到很晚，所以沒時間陪我們，平日晚上需要休息，也沒辦法跟我們好好相處，這個我都能懂。可是到了假日，我跟孩子都很期待他可以帶我們去哪裡走走，但他就是睡覺，問他說週末要不要去哪裡玩，他都說：『嗯，再看看。』多問幾次，他就板起臉不講話。

「有時候我想，他工作忙，很難有時間想可以做什麼休閒活動，那不然我來安排。我有時就安排幾個家庭的聚會活動，但他都不太想去。

「嫁給他之後，我從台北搬到新竹，沒多久又生了孩子，家人、朋友都不在身邊，一個人照顧小孩，他像在身邊，但其實不在，我就跟沒有老公是一樣的。」

或許很久沒有人可以聽芯玲好好地說話，芯玲一連串地倒出許多自己的害怕與委屈：害怕人生地不熟的孤單，委屈於獨自育兒的辛苦，以及對婚姻、另一半的失落。

「所以，你理解昱禹工作上的辛苦。只是換到了新環境，面臨育兒與生活適應的困難，很需要一些支持，所以你希望能跟昱禹再靠近一點，希望多得到一些力量、感覺你們是一起努力的。

「這能讓你不那麼孤單，可以再撐下去，對嗎？」

芯玲看著我，露出「你懂我」的神情。她點點頭。

我說完話後，昱禹看了我一眼，繼續轉頭看向窗外。

……看起來很像是隔壁併桌的客人。

我們都在他的世界外面

「昱禹，你聽到芯玲的話，感覺怎樣？你覺得，能理解她嗎？」

昱禹一臉好像大夢初醒地看向我。「這些話，我常聽啊，很熟。」

「你常聽？你想懂嗎？你知道我有多挫折嗎？」聽到昱禹的話，芯玲忍不住又爆炸。顯然昱禹的這句話戳中她的痛處，讓她感覺，自己好像一直重複抱怨一樣的事情。

不過，我微微地感覺到，昱禹把我們全部的人，都關在他的世界外面，不讓我們靠近他。

是不是我們在做的這些事情，讓他感到不安與危險，所以，他必須先保護自己呢？還是，他在害怕什麼？想保護自己，不要碰觸、打開什麼？

「昱禹，這些話，你常聽到。不過，這可能是第一次，你們一起在別人面前，討論這件事情。現在聽到這些話，在這樣的情況下，你感覺如何？」

「唉。」昱禹嘆了非～～常大的一口氣。「我不知道該講什麼。」

鍥而不捨，是心理師必備的強健心理特質之一。「所以你似乎有感受到什麼，只是不知道怎麼說？」

芯玲一副又想要說話的樣子。我稍稍用眼神與抬手示意，請她先緩一緩。

過了一小段時間的沉默，昱禹說話了：

「我覺得，我也讓了很多東西。只是，她好像都看不到。」

「聽起來，你覺得自己有努力，但當芯玲沒有接收到你的心意時，讓你很挫折？」

昱禹又嘆了很大一口氣。「習慣了。」

如何一秒激怒自己的另一半，昱禹簡直就是箇中好手。果不其然，聽到昱禹這麼說，芯玲立刻跳腳：「什麼叫習慣了？所以好像你做很多，我都沒有發現，你很委屈就對了!!」

此時，我立刻切入：「昱禹，我想你的意思是，你一直不知道怎麼讓芯玲知道，其實你有感受到她的沮喪，你有用你的方式幫她，只是不知道怎麼傳達給芯玲？」

聽到我的話，芯玲安靜了下來。昱禹看著我，然後，緩緩點點頭。

你有沒有心?

「會不會因為你從來沒說，所以芯玲不知道呢？」

昱禹看了我一眼，不說話。

「如果是這樣，你要不要在這裡，試著說說看，你看到了什麼，你又怎麼用你的方式幫芯玲？」

芯玲突然冒出話來：「你不要跟我講說你很努力工作，賺錢養家，這個我知道，我也沒有否認。我現在跟你討論的，是**你有沒有心**。」

聽到「有沒有心」，好像戳中昱禹的痛點。他不說話良久，然後又深吸一口氣，說話了：

「沒有心，就不會隨便你花錢，一句話都沒有問；沒有心，就不會看到你藏起來的酒瓶，當作沒有看見；沒有心，就不會為了不離婚，寧願在公司待著，不要回家看到你醉醺醺的樣子。」

真是平地一聲雷。

我和芯玲驚訝地看著昱禹，顯然芯玲比我驚訝太多。「所以……所以，你都知道？」

「知道你跟我媽一樣會酗酒嗎？知道啊。現在換我問你，如果你是我，你要怎麼做？是跟我爸媽一樣，吵得天翻地覆？還是直接離婚？伊伊怎麼辦？」

伊伊，是他們的三歲兒子。

昱禹露出「你怎麼會以為你瞞得住」的表情，往後躺入沙發。

後來，我從昱禹說的話中斷斷續續拼湊出資訊。

原來，昱禹從小就看著媽媽酗酒，從偷偷喝，變成光明正大喝。因為喝酒，媽媽會忘記接昱禹或弟弟妹妹回家，忘記做飯，接著下來，生活越來越癱瘓。因為爸爸長期在外地工作，半個月回家一趟，其他時間，身為大哥的昱禹就負起了照顧媽媽與手足的責任，但他非常痛苦。

有時爸爸放假回到家，看到媽媽的樣子，會跟媽媽大吵。吵完之後，爸爸又一陣子不回家。昱禹有時候分不清，是自己獨力面對媽媽這個樣子比較痛苦；還是看父母吵架，後來爸爸頭也不回的出門比較痛苦。

家，當有人丟下，就有人需要留下。

昱禹就是為了這個家，留下的那個人。

「我認為，一個人愛別人的方式，就是做好自己該做的事，不要給對方找麻煩。」昱禹帶著一點情緒，有些用力地說出這句話。

聽到昱禹說的這句話，芯玲突然發火了。「所以你的意思是，我都沒有把家裡照顧好，

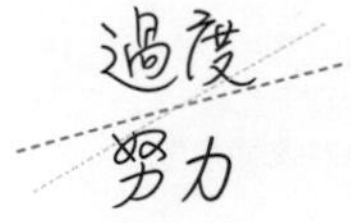

我都沒有做好自己的事，我就只是喝酒，跟你媽一樣，把你們都丟著，是嗎？你知道，為了讓你可以有個幸福的家庭，我有多努力？你為什麼從不肯定我，每次都要從我身上找你媽？你到底知不知道，為什麼我要喝酒？

「你知不知道，我這麼努力，只是很想要你陪著我？」

聽到芯玲一邊哽咽，一邊說的話，我的眼眶濕了。

對於「芯玲喝酒」這件事情來說，幾乎是個「雞生蛋，蛋生雞」的議題：

生活與育兒過大的壓力，與過少的生活支持資源，加上知道昱禹工作很忙，「不想讓他擔心」而讓芯玲想獨自消化這些，但這些壓力與情緒，讓芯玲無法負荷，於是逃到酒精裡。

發現芯玲開始喝酒的昱禹，被勾起過去不堪的回憶，更加不想要面對家庭與芯玲而逃避；感覺與昱禹越來越疏遠的芯玲，無力感更深，寂寞與孤獨時，更需要酒的撫慰。

只是，面對芯玲的話語，現在被過往攫住的昱禹不為所動。就像交代完他該交代的事情，說完前面那些話後，不論我與芯玲說些什麼，昱禹都沒有再說一句話。

和以前的習慣一樣，面對太過痛苦或不想面對的事情，昱禹不知該怎麼處理那些巨大的情緒；於是，他建了一座極為堅固的堡壘，把自己關起來，讓自己出不去，別人也進不來。

剛剛，他正在我們面前，把那道厚重的門用力關上。

誰，能有這道門的鑰匙？

是不是因為我不夠好，所以你不要我？

・完美媽媽雅文

很難得看到雅文一身輕便，穿著運動服，戴了頂鴨舌帽與墨鏡，外加素顏，出現在諮商室裡。

以我對雅文的認識，她大概是那種，只是出門倒個垃圾，穿著跟妝容還是都呈現無懈可擊，完全不會讓人有機會看到她鬆懈的樣子的人。

幾乎不管在哪裡、任何時候，她都是處在「備戰」狀態，不能讓別人看到她「不完美」的樣貌。

這個「專注完美，近乎苛求」的習慣，讓她就算再累，也鬆懈不下來，隨時都在留意自己在別人眼中的樣子。

因此，今天這個樣子的雅文，是我第一次看到，就像是她卸下了一小部分的武裝。

「哈囉，難得看到你打扮得比較輕便，看起來很像大學生。」保養得很好又天生麗質的雅文，即使是兩個孩子的媽，看起來還是童顏無敵。

「哈哈，最近實在是太累了，不想要那麼辛苦。」

雅文摘下墨鏡，帽子還是戴著，習慣性地稍微壓低了一下帽簷。

「什麼事讓你那麼累？」

雅文看著自己的手指，手指甲看起來隨時都有去修整，指甲顏色素雅，卻完美無瑕。

「我之前好像都只有跟你說過，我媽媽的事。我還有個爸爸，不過十幾年沒聯絡了。」

之前我們晤談了幾次，後來雅文就因為工作忙，跟我請了兩次假。談話的那幾次，除了談到她生活的情況之外，也談到她的媽媽。聽起來，雅文的媽媽是一個要求相當高的人。小時候，如果她有事情沒有達到媽媽的標準，被打，或是被言語羞辱一頓，可說是家常便飯。

「這麼簡單的事情，你也做不到嗎？」

「所以你把事情放著，你以為誰會幫你做？」

「怎麼會把事情做成這樣子？你是豬腦嗎？」

過度
努力

媽媽極為嚴格，從生活細節到功課，樣樣都要雅文達到媽媽的標準。只是，媽媽的標準非常高，幾乎是把小小的雅文，當成一個能力很好的大人在訓練。

連大人都不見得做得到的事，雅文卻要事事完美。在這強大的壓力下，訓練出雅文苛求自己的性格。

「沒有用的人，沒有資格活在這世界上。」

「沒有用的人，沒有資格活在這世界上。」這是她媽媽的經典名言。

雅文拚命追趕，追趕著媽媽訂下的每一個目標。

雅文的媽媽，是個完美主義者。本來是一家公司的老闆，後來為了照顧雅文，需要固定的上班時間，決定收掉公司，到一般的貿易公司當正職員工。即使工作很忙，小時候在雅文的印象中，媽媽還是會幫雅文做晚餐、早餐和便當，送雅文去上學，幫雅文看功課。

當雅文看到，工作如此忙碌的媽媽，仍然可以堅持照顧她，沒有因為工作忙，而要還小的她照顧自己的生活時，**雅文就覺得，自己應該要很努力做到媽媽的標準，回報媽媽對她的愛與期待。**

「不過，那時候，我有偷偷地想，如果說我很笨，沒有能力做到媽媽期待的標準，她的生活是不是就會有缺陷？她是不是會對我很失望，然後就放棄我？」

這個念頭雖然曾經閃過小小的雅文腦中，但她很快地把這個想法甩掉。就像是**殉教一般**，努力地完成媽媽的每個期待，完成媽媽的完美生活。

對爸爸來說，原來我從來都不重要

「你聊了很多媽媽，那爸爸呢？」

那時候，在雅文的侃侃而談中間，我插問了這一句。

雅文沉默了一會兒，說：「我爸爸在我小學時，就沒有跟我們一起住了。我現在也大概十多年沒跟他聯絡了。」

然後，她繼續專心地跟我聊媽媽、聊她的生活、聊她先生與其他人，再也沒有提過爸爸。

而今天，她主動提到了爸爸這個話題。

我露出鼓勵的眼神，期待她繼續往下說。

「我和我爸爸很久沒聯絡了。我很小的時候，他就沒有跟我們住在一起。一開始是因為他在外地工作，但後來，我爸好像就沒聯絡了。」雅文咬咬唇。「那時候，大人說我爸爸

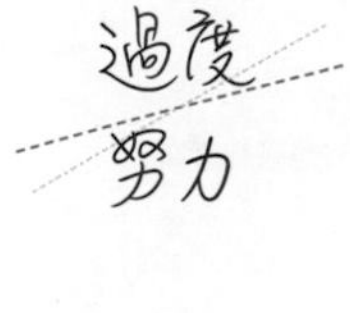

欠了一大筆債，『跑路』了。

「過了很多年後，大學時，我們有聯絡上一陣子。但是沒多久，他又『跑路』了，這次好像有一點連累到媽媽。那時候，媽媽的存款都賠了進去，甚至還因而背了好幾百萬的債。媽媽受到很大的打擊，一蹶不振，還罹患了憂鬱症。

「原本我打算要出國念書，家裡這樣也沒有辦法，只好放棄拿到的獎學金。我就留在台灣，大學一畢業就趕快出去工作，賺錢養家，也要還債。一直到最近，我才幫我媽把那些錢還完。」

雅文平鋪直敘地說著，沒有什麼情緒起伏，像是談論別人的事。

我很難想像，那段日子，是多麼不容易。

「最近，我爸突然打電話給我先生，不知道他哪來的電話。他說，是想知道我結婚後過得如何。不過講沒兩句，就問我先生可不可以寄錢給他。我先生含糊地敷衍他之後，回家告訴我這件事。」

說到這裡，雅文突然笑了。

「本來我還沒有覺得我爸他自私、不在乎我，最多就覺得，大概他對我沒什麼感情，也不太想聞問。不過其實也還好，畢竟沒有人規定，父母一定要喜歡自己的小孩，就像小孩也不一定能喜歡自己的父母。既然彼此感情淡薄，套一句人家常說的，也就沒緣，倒不用強求。」雅文整個往後躺。

「但是，不聞不問這麼多年，假裝要關心我，實際上是要跟我先生拿錢，這種事他做得出來，也算是厚顏無恥了。他完全沒有想過，他做這件事，會不會對我婚姻造成影響？我先生會怎麼看我？我的處境會變得如何？」

我聽了，一句話都說不出來。

當雅文發現，對於爸爸來說，雅文從來都不是這麼重要；重要的，永遠是爸爸自己的需要，有時甚至為了滿足自己，而不惜傷害孩子的生活。

那是很痛的。

是不是因為我不夠好，所以你才不要我這個女兒？

「你先生跟你說了這件事後，你的反應是？」

「我的反應？我當然立刻打電話去臭罵我爸一頓。」說到這，雅文頓了頓。「有點好笑，我打過去，居然立刻大吼大叫大哭，我先生都嚇到跑到我身邊，在我講電話的時候，不停摸頭、安撫我。我也是滿意外的，我居然會哭。」

雅文又笑了，好像在講一件趣事。

「不過，十多年沒聯絡了，我打過去吼的某一句話，是我今天會來找你的原因。」

「你說了什麼？」

「我對他大吼：『我一直覺得，是不是因為我不夠好，所以你才不要我這個女兒？』」

這句話太具震撼力，空氣似乎凝結了。

我和雅文被這句話給壓住。兩個人都有點喘不過氣。

不能讓媽媽失望

我深吸一口氣，緩一緩。「對你來說，這句話的意義是什麼？」

雅文深深吐了一口氣。

「我只是很意外，我居然會說出這種話。

「從以前到現在，我對我爸從來就沒有什麼想法。應該說，只覺得他不負責任、讓媽媽很辛苦，不過關於生氣或是難過、想念什麼的，我都沒有。簡單地說，我對我爸，就是無感。我不覺得我的生命有他或沒他，有什麼差別。我也不認為我需要爸爸。

「一直以來，我以為我會那麼努力，就只是生活所逼。媽媽需要我努力，她需要我做到她想要的樣子。畢竟，爸爸已經讓她失望了，而媽媽也為了我，收掉她的公司，放棄她的未來，所以，我應該要盡力做到媽媽的標準，讓她不要失望。」

「所以，『不能讓媽媽失望』，是你人生的目標？」我問。

「應該說，是我的**原廠設定**。」雅文笑了。「內建在我體內，近乎本能。努力去達到、做好每件事，是我一開始就被設定好的程式，也是我活在這世界上最重要的用處。」

「那如果沒有做到呢？」

「**那我就沒・有・用・了。**」雅文笑得近乎自虐地。「不過，我沒有發現，原來，除了媽媽之外，我爸也在這個原廠設定上推了一把。」

「聽你對爸爸吼的那句話，所以說，你其實曾經認為，他不在你和媽媽身邊，是因為你不夠好？」

「老實說，我很不想承認這種事。我不想承認，我爸對我的影響這麼大，我也不想承認，他對我真的會有影響。」雅文盯著遠方。「我對於自己居然這麼脆弱，居然會被一個幾乎不在身邊的人影響，滿意外的。」

雅文似乎拚命想要淡化，或是試圖理性看待，其實自己在乎「爸爸不在身邊」的這件事。

或者說，她沒想過她真的在乎，而她還在消化這個衝擊。

「你很在乎你爸愛不愛你嗎？應該說，你很在乎他不夠愛你嗎？」雅文仰頭往上看，「拜託，這種事情都要在乎的話，還要不要生活？」她笑著說。

只是，有一滴很小很小的眼淚，滑過她的臉龐。

她希望，我假裝不知道；而我，沒有戳破。

只是和她一起，浸在屬於她的悲傷裡。

不能消化的痛楚

所以，我被放棄了嗎？

・自責小姐欣卉

欣卉有點不安地坐著，右手一直重複搓著左手手臂。

前幾次諮商，我們除了討論她希望來諮商的原因，也討論了她的諮商目標。她希望能夠藉由諮商，讓生活慢慢回歸常軌，不要這麼漫無目的，套一句她說的話：

「希望可以讓我不要那麼廢。」

雖然她似乎同意我所說的：現在的她，可能因為之前的過度努力、過高的自我要求而彈性疲乏，所有的「放棄」，其實是「害怕自己做不好」、「擔心自己很糟」的反撲。不

過度努力

過，很習慣自我要求的她，仍然希望能夠有一些步驟，讓她可以遵守、一步步回歸正軌。

於是，我給了一個提議：考慮每天盡量讓自己出門散散步、走走路，把這個當成生活的例行公事之一。

給了這個「提議」之後，連著後來的三次諮商時間，欣卉都臨時取消、「突然忘記」或是「記錯時間」。

我猜測，這表示我們的狀況，可能掉進**她與權威的重複模式**中：

希望權威給她一個標準，讓她可以做到，這樣就能暫時相信自己符合權威標準、代表自己「暫時是好的」，以安撫「擔心自己不夠好，而讓人失望」的焦慮；但是一旦沒有做到對方的標準，欣卉就會被自己的想像打趴，覺得對方一定會對自己「很失望」，因而覺得自己很糟。

如此，她不得不逃回自己的避風港裡，逃避面對權威和之後的所有事。

所以，或許欣卉因為某幾次的原因，「沒有做到」我的提議：出門走走。於是，強烈的羞愧感又把她整個籠罩住，讓她完全無法逃開，掉進自我嫌惡的無力感中。

不過，我繼續向她重中我們的諮商架構，也穩定地與她約定下一次諮商的時間。後來，欣卉終於來了。

你會不會對這樣的我失望？

在諮商室裡的她，顯得有些焦慮。

「坐在這裡，會讓你緊張嗎？我發現你好像一直在搓著手。」我留意自己的聲音，放緩並放慢。

「……有一點。」

她對我笑了笑，帶著一點抱歉的感覺。

「我不知道，現在你的緊張，是因為我們有點久沒見了？還是因為，之前幾次諮商的取消，讓你對我有些不好意思？或者是，有其他原因？」

欣卉看向我，似乎沒想到我這麼快就破題。

「……有點不好意思吧。」她看起來有些抱歉地笑笑。

「所以你很擔心，這幾次取消諮商後，我的想法嗎？」

欣卉慢慢地，點了一下頭，沒有看向我。

我直直地看著她，很認真。「那，你要不要直接問問我，我對你的想法是什麼。」

欣卉看起來有點驚嚇。她抬頭看向我，看到我認真的眼神。我們互視了一陣，維持一陣子的沉默，她終於打破了：

「你……是怎麼想的？」

會不會覺得，這樣的我很不好？

你會不會對這樣的我失望？

「我一直在想，不知道你發生什麼事了。很希望有機會跟你碰到面，看看有沒有什麼部分是可以一起討論的。」我笑笑地看著她。「我想，如果會讓你這麼在意我的看法，今天還能來這裡面對我，對你一定很不容易。所以，很謝謝你今天願意來。」

欣卉低著頭。從身體的動作看來，她似乎稍微放鬆了些。

她抽了一張衛生紙，拭著眼。

我沒有說話，等著她慢慢準備好，等她回到這個諮商室裡。

我沒見到外婆最後一面

「謝謝你。**除了我外婆，我沒有什麼覺得自己犯了錯，卻不被責罵的記憶。**」

「外婆？之前好像沒有聽你提過她？」

「嗯，她在我開始工作沒有多久就過世了。那時候，我工作正忙得不可開交，上班習慣都不會注意手機。其實外婆因為癌症，已經生病一段時間了。不過，因為前陣子才狀況轉好出院，所以，我沒想到這天來得這麼快。」

欣卉無意識地摺著手中的衛生紙，將衛生紙摺成很小的長條。

「那天，我在外面和客戶開會，一整天都沒有看手機。開完會之後，才發現手機有幾十通未接來電，還有訊息。趕到醫院時，外婆早就走了。我沒看到她的最後一面。」

欣卉又把衛生紙攤平，重新又摺了起來。

好似藉由這個方式，可以整理自己說這件事的心情，讓情緒可以被控制，自己也不至於崩潰。

「阿姨對我說，外婆臨走前，還在念著我的名字。」

欣卉像是忍耐著什麼，忍不住晃動身體，一手摀著嘴。

我想像著欣卉的心情，即使我的想像可能不及她的萬一，我仍有很痛的感覺。

「外婆是全世界最愛我的人，我是她帶大的。對她來說，我怎樣都是好的。」欣卉眼眶帶著淚，但她笑了。

外婆對她來說，是很重要的人。
欣卉開始說自己和外婆的回憶。

我永遠都不會忘記那個表情

從小因為父母工作的關係，加上自己是老二，爸媽把欣卉放在外婆家給外婆帶，每逢週末才會去外婆家看她。

隨著欣卉慢慢長大，她覺得很奇怪，為什麼姊姊跟弟弟都跟爸媽一起住，可是自己沒有。有一次，她忍不住問外婆。外婆說：

「你阿爸做醫生開診所，你阿母要幫忙，會比較忙啦。你弟弟還小，需要媽媽照顧；姊姊比較大，自己能照顧自己了，你爸媽顧不到她，就比較沒關係啦，而且因為她念書的學校在家附近，所以住一起比較方便。」

說到這，外婆突然笑了，抱住欣卉說：「你阿爸阿母怕他們太忙，沒辦法好好照顧你，所以拜託阿嬤。你不喜歡阿嬤嗎？阿嬤很喜歡你捏。」

欣卉記得，那時候聽到外婆這麼說，滿腔熱血上湧，立刻用力地回抱外婆：

「我最喜歡阿嬤了。我不要離開阿嬤！」

那時候，面對父母不在身邊的失落，欣卉安慰自己：「沒關係，我還有外婆。」

於是，欣卉一直與外婆同住，直到小學三年級時，爸媽希望送欣卉去念住校的私立學校，因而把欣卉從外婆家帶走。

欣卉記得，她當時好痛苦，還有幾次偷偷蹺課，自己坐公車跑回外婆家看外婆，最後結局都是哭哭啼啼地被爸媽帶回學校。

那時候，外婆倚著門，含淚目送她離開的神情，深深印在她的心。

「我永遠都不會忘記外婆的那個表情。」欣卉說完，抿著嘴，強忍眼淚。

我像是個外面撿回來的野孩子

住校的欣卉，每逢週末時，開始回到父母與姊姊、弟弟在的那個家。

記得剛回到家時，她非常不安，感覺自己就像是外人一樣。

「那時候才小學三年級，但就有個很深的想法，就是：**這個家，沒有我的位置。**」欣卉輕輕地說。

幾次從外婆家被抓回來之後，欣卉被迫接受了自己不能再和外婆一起住的結果。當她意識到：「這就是我以後的家了。」她只好努力地融入這個家。

努力遵守媽媽的規矩、爸爸的要求，在這個家生存下去。

「我在外婆家，是過得很幸福的，不會有人罵我、批評我。因為外婆家在鄉下，附近鄰居也都認識我，我可以自在地跑來跑去，每個人都很喜歡我。

「搬回來爸媽家後，姊姊跟弟弟好像覺得我是侵犯他們領域的外人。然後，這個家有很多規矩：吃飯的規矩、穿衣服的規矩、各種生活的規矩……那個時候，媽媽不停地罵我、嫌我；姊姊、弟弟看我的表情，則像是：我是個外面撿回來的野孩子。」

欣卉輕笑了一下，然後深吐口氣。

「在這個家住了一陣，你就會發現，姊姊是爸爸最愛。因為她既優秀、漂亮又聽話，一路都是第一志願，而且常去參加一些校外的競賽，得名是家常便飯，家裡她的獎狀獎盃多到放不下。我爸對她寄予厚望，希望姊姊以後可以繼承家裡的診所，跟他一樣當醫生。

「弟弟就是我媽的心肝寶貝。小時候是嘴巴很甜，長大之後，也是各方面都非常優秀，小五就跳級念國中。雖然沒有像我姊十八般武藝樣樣精通，但靠念書也是人生勝利組了。

「就剩我，高不成，低不就。不像姊姊那麼多才多藝，也不漂亮，更不像弟弟是個天才。我就好像家裡多出的小孩，他們很少把注意力放在我身上……也是因為我不吸引他們啦。」欣卉自嘲地說。

心裡有東西碎掉了

「我才知道，我在我外婆家的那段時間，是多麼奢侈的幸福，因為那時候，**外婆不管我表現怎樣，都一樣愛我**，而且我知道，她的愛都在我身上。」

經歷過「無條件的愛」之後，突然被剝奪、被丟進一個弱肉強食的環境裡，對於一個小學的孩子而言，很難想像那是多大的壓力。

而製造出這個環境的，正是她期待能夠愛自己、接受自己的父母。

「我只好一直拚命地做，一直到外婆過世那時候……不知道耶，覺得好像心裡有什麼東西碎掉了，突然有個聲音在問：『這麼努力是為了什麼，有什麼意義？』

「一開始，我很努力想忽略那個聲音，想把它壓下去……後來，就壓不下去了。我只是覺得好累、好累。然後，我就沒辦法去上班了。」

說到這裡，欣卉突然轉過頭，看著我。

「我沒有跟你說，我現在自己一個人住，對不對？」

突然聽到這個消息，我小驚了一下，點點頭。

「對，你沒有說。所以你現在自己住？」

「應該說，我沒有去上班已經一年了。自從我沒辦法去上班，整天待在家裡，過不到三個月，我爸受不了。他說，他不想要看到我那麼沒用的樣子。如果我要繼續這樣，他就當作沒我這個女兒。然後他就拿錢叫我去外面住。

「我就被他打發出去了，所以我後來就一個人住。」

欣卉苦笑著說這件事。

我不知道該怎麼形容，當聽到這些話與看到她臉上表情的心情。

「也沒那麼糟啦，真的。」

大概我臉上的表情有些扭曲，欣卉注意到了，馬上安慰我。「他們其實都會定期匯錢給我，我生活滿寬裕的。一個人在外面住，也很自由，不用面對他們嫌棄的表情。」欣卉故作輕鬆地說。

「不過，他們這麼做，對你的打擊也很大吧！特別是那時，面臨外婆離世，正是你很需要支持的時候。」我輕輕地說。

「一開始是有點啦，不過，想想也就習慣了。**這很符合他們的行為模式，不好的東西就該捨棄。生活不能留下任何不符合標準的事物。**」

欣卉還是笑。

如果不笑，我怕自己會哭出來

不笑不行。不笑的話，怕自己就會哭出來。哭出來的自己，就像坐實了「自己因為不好而被拋棄」的想法。那樣的自己，太悲哀，也太可憐了。

所以只能笑，笑著，才能再撐下去一點點。

「你覺得他們認為你不好。那你呢？你覺得自己怎麼樣？」

「很廢啊！這麼大了，還在花父母的錢，很沒用啊！」欣卉一連說了好幾個負面的形容詞，說得鏗鏘有力。

「不知道你的外婆，看到現在的你，會怎麼想？」

欣卉看著我，像是有些意外我會這麼問。

「她大概也會覺得我很廢，覺得很丟臉吧！」

「真的嗎？」我反問欣卉。**「有沒有可能，她看著現在的你，看到你離開她以後，要這麼**

辛苦，才能得到愛，反而會很心疼現在的你呢？

「因為在她心中，你永遠是最好的，也是她最愛的孩子。」

你忘記了嗎？即使你不是父母最愛的孩子，但你仍然是被深愛、被重視的。

在你外婆的心中，你永遠是那個她最好、最愛的孩子。

欣卉盯著我，忍了很久的淚，無聲地落在我們之間。

那或許是，尋回自己一生中最珍貴的寶物，終於鬆了一口氣的眼淚。

「沒怎樣」就是「有怎樣」

• 失去靈魂的購物公主

我和品萱，面面相覷地坐在諮商室裡。

頭兩次的諮商，品萱簡單跟我說了一些關於她現在面對的困擾，以及稍微描述與家人的互動後，後面兩次的諮商，品萱就處於被動的狀態。

我感覺自己面對著一道牆，靠近不了品萱。

想辦法繞過這道牆，是我接下來很重要的任務；不過，也要看品萱放不放行。

有些時候，牆築久了，就算我們自己想開門讓別人進來，都會忘記門在哪裡。

品萱或許就是這樣的情況。

「最近過得如何？」我對品萱微笑。

「大概就那樣，沒什麼差別。」品萱也回我個尷尬、不失禮的微笑。

「那你今天想跟我聊些什麼呢？」

幾次諮商下來，我瞭解品萱很習慣，也希望由我來帶領諮商方向，讓她在諮商裡可以不用思考，跟著「專業的心理師」、代表「權威」的我走就好，這樣就可以解決她生活中的所有問題，使她的生活可以讓別人滿意。

我提醒自己，得留意不要掉進她與權威的重複模式中。

畢竟，她會前來，很大的原因，是想要重新掌握自己人生的主導權。

如此，**開始學著主動思考、判斷：自己人生真正的「狀態」，是不是「讓自己喜歡與滿意」？而不是總是思考：「自己的人生，別人滿不滿意？」就是一個非常重要的開始。**

「嗯……最近回家看到父母，很容易對他們不耐煩，而且他們動不動就吵架，覺得心很累，有時候就不太想回家，寧願跟男友在外面待久一點，到他們去睡覺了才回家。不過，這麼晚回家，他們又會很不爽，會在沙發上打瞌睡等門，等我回家再罵我一頓。」品萱嘆了口氣。「唉！」

「剛那口氣嘆得很長啊。」顯然累積了很久。

「對啊，就覺得很累。我都多大的人了，還要被等門。唉。」

「對這件事，你好像感觸很深？」

「就覺得很煩，真的很煩。」

說完這句話，品萱開始進入空靈狀態，呈現人我皆忘的境界，我只好稍稍打斷她的放空。

「你說的『很煩』，感覺是一種很複雜的情緒，我好像還不能完全瞭解。你願意試著再描述得清楚一些嗎？」

對於自己情緒不太熟悉的品萱，很習慣用簡單的方式與形容詞，把情緒丟到一旁。

我想要協助她多停在這些情緒一點，**讓她可以再貼近自己一些，有機會多認識真正的自己。**

而不是，只知道自己給別人看的樣子。

「就覺得……他們兩個真的很愛管別人、控制別人。喜歡講別人的八卦，嫌別人什麼地方沒做好，好像他們就是什麼事情都懂、最厲害，但實際上又不是這樣。他們兩個每天都吵個不停，真的那麼厲害，怎麼不管管自己的溝通方式跟情緒？」

品萱突然一股腦倒出一堆話，顯然積怨已久。

「所以你的爸媽，他們時常吵架嗎？什麼時候開始的？」

「從我有記憶就開始了，不是三天一小吵，五天一大吵的那種，是天天吵，一天吵好幾次。有時候，一件小事也能吵起來。」品萱露出厭煩的臉。

「所以，一直都那麼嚴重嗎？還是說現在有好一些？」

「好像沒有耶，他們現在還是很能吵，只是大吼大叫的狀況比較少了。」

「大吼大叫的狀況？所以你的意思是，以前很多大吼大叫的狀況嗎？」

品萱往上看了一眼，看起來很像是翻了個白眼。「對啊，在我小時候，他們真的很誇張，還會互丟東西。我爸吼起來很可怕，我媽也不讓的，一直用很尖銳的聲音跟他吵吵。」

「以你有印象來說，那時候，你幾歲？」

「很小的時候就是這樣了，應該還沒上學吧。」

我想像那個情況，小小年紀的她，面對父母的怒火，應該是非常可怕的經驗。

「那時候的你，怎麼辦？當他們在吵架的時候。」

「我就進房間啊，假裝沒聽到，戴耳機什麼的。」

「我在猜，這個是大一點的你想到的應對方法，可以讓你比較不受他們影響，對不對？」我看著品萱。品萱點點頭。

「不過，你還記得小時候的你，面對這個狀況，是怎麼反應的呢？」

品萱看著我，一臉茫然，然後抱歉地笑了。「我不知道，不記得了耶。」

築起一道「讓自己沒有感覺」的牆

我猜測，那時候對於品萱來說，父母的爭吵是一件很可怕的事情，而她用當時最簡單，也最有效的方式來面對這一切，就是「解離」——

簡單地說，就是築起一道「讓自己沒有感覺」的牆，將「內心的自己」與「肉體的自己」分離開來。**「肉體的自己」雖然必須留在現場承受這一切，但至少還能用「沒有感覺」來保護「內心的自己」，不被挫折、痛苦、罪惡感、羞愧感等情緒給淹沒。**

只是，把「內心的自己」關起來，雖然是保護，但也無法接觸到。所以，得想點方法才行。

看著諮商室裡的擺設與玩偶娃娃們，我有一個想法。

「品萱，我很想認識一下小時候的你，可以嗎？」

品萱看著我，猶豫地點點頭，一臉就是：「可以啊，但是要怎麼做呢？」的表情。

「我想請你在這裡的玩偶擺設裡，選一個最會讓你聯想到『小時候的你』的代表物，然後，幫它取個名字，好嗎？」

品萱遲疑了一下，起身在玩偶擺設區逡巡了一下，選了一個玩偶。

那是一個看起來很可愛的狗娃娃，軟綿綿的。

「你幫它取什麼名字呢？」

「它叫小乖，是我小時候的乳名。」品萱有些害羞地笑了笑。

拿著這個娃娃、和自己在一起，似乎讓品萱變得比較放鬆。

「你願意幫我介紹一下小乖嗎？」

「她小時候其實好像沒那麼乖……有時候，也是皮皮的，會跟哥哥吵架、打架。」品萱一直摸著那個狗娃娃的頭，像是在安撫她，也在安撫自己一般。「不過，當爸爸跟媽媽吵完架，媽媽一個人躲在房間裡掉眼淚的時候，她會過去陪媽媽，或是聽媽媽說心裡的話，所以媽媽叫她小乖。」

「聽起來，小乖很活潑，也很善解人意，只是好像很擔心媽媽哭？」

「對啊，小乖很怕他們吵架。因為真的很可怕。小乖有一次被嚇到，跑去找哥哥哭。哥哥還笑小乖，說小乖很膽小。」

「那小乖一定很難過。」

我想像那個情況，自己的感受不能被理解，還被嘲笑成太軟弱，那一定是很受傷的。

只是，或許當時的哥哥，也不曉得該怎麼處理自己面對父母爭吵的害怕，所以**「輕蔑、嘲笑、不在乎」，其實也是哥哥的解離反應之一吧。**

孩子，面對自己不能理解的可怕情況，會用各種方式逼自己適應，只為了能生存下去。

我的眼眶濕濕的。

悲傷，從來沒有離開過

「很難過啊，但是也不能怎麼辦，就只能在他們吵架的時候，躲在棉被裡哭。」品萱繼續摸著小乖的頭，眼淚掉了下來。

過度
努力

……只是你的恐懼：
……要別人認可你。
……
……和愛屬於你嗎？

格十三
硬核媽媽
「大哥的大哥」格十三，江湖再現！
了不起的中年婦女，身處一地雞毛，也能輕鬆拾起做成雞毛撢子。
◎地方媽媽求生神咒：「老公我選的，孩子我生的，睡一覺起來都新的！」
做個媽媽多了不起？
你一天有二十五個小時。你是鬧鐘、司機、家政婦兼家庭教師。這廂氣得想把孩子塞回去，眨眼能化為慈母談心。雲配偶遠在天邊，你白眼著輕笑轉身，繼續雌雄同體，叱吒人間。儘管常陷入「道理我都懂，卻還是當不好一個媽」的深深失落，但偉大的母性本能驅使我們，舉起拖鞋，連蟑螂都敢殺了，當了媽什麼也不怕了。
我們也想低調，但實力不允許啊。
定價370元

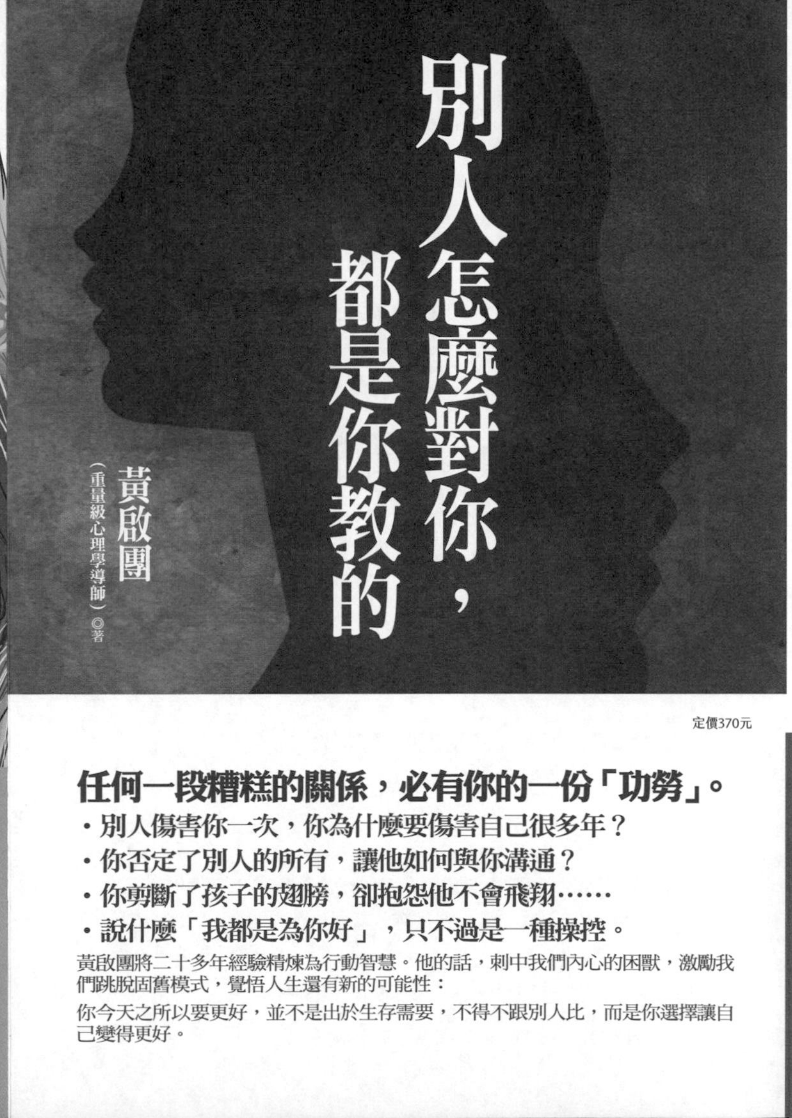

別人怎麼對你，都是你教的
黃啟團（重量級心理學導師）◎著
定價370元
任何一段糟糕的關係，必有你的一份「功勞」。
・別人傷害你一次，你為什麼要傷害自己很多年？
・你否定了別人的所有，讓他如何與你溝通？
・你剪斷了孩子的翅膀，卻抱怨他不會飛翔……
・說什麼「我都是為你好」，只不過是一種操控。
黃啟團將二十多年經驗精煉為行動智慧。他的話，刺中我們內心的困獸，激勵我們跳脫固舊模式，覺悟人生還有新的可能性：
你今天之所以要更好，並不是出於生存需要，不得不跟別人比，而是你選擇讓自己變得更好。

馮以量
允許自己選擇愛
定價320元
薩提爾模式家族治療
你明明渴望愛，為何盡是用恨在索求？
〔馬來西亞家庭關懷及家族治療推手，完整重現家庭雕塑歷程〕
年輕的以量連遭重創，三度自殺未遂。但隨著由求助者成為助人者，他亦明白了：心裡的黑洞一直都會在，那是自己的一部分——然而，我們能為黑洞點亮光。
在本書裡，他如實還原與協助對象的對話、互動歷程，引領我們閱讀著這些真實蛻變，更深入諦聽自我內心。
生命裡的許多「為什麼」是沒有答案的，我們只能讓自己變得更好，把傷害還給過去，力量還給自己。

職場冷暴力
◎林煜軒博士（國家衛生研究院、台大醫院精神科醫師）
當老闆或同事刻意疏遠、排擠你，或貶低、批評、羞辱，惡意操弄你，
甚至剝削、掠奪你在工作上的展現……
這些都是令人不寒而慄，卻難以啟齒的職場冷暴力。
職場冷暴力的根源——6種人格缺陷，你遇到了哪幾種？
3種慣老闆：
反社會型人格老闆、狂妄型自戀人格老闆、強迫型人格老闆。
3種豬隊友同事：
戲劇型人格同事、依賴型人格同事、畏避型人格同事。
擁有企業界、學術界及醫療界資歷的林煜軒精神科醫師，他以豐沛的實務經驗及專業的學養，犀利又細膩地分析6種人格缺陷，從冷暴力如何巧妙地如同癌症擴散、蔓延，到身為小職員的我們，該如何調適、應對，甚至若最後選擇離職，林醫師也提供最實用的轉職處方箋。

「然後，慢慢地就不哭了，大概是習慣了。」

是習慣了，也是覺得沒用。不論怎麼哭，沒有人會關心哭泣的自己，也沒有人可以幫忙讓這個狀況變好。

哭著哭著，就沒有淚了，變成更深沉的悲傷，深埋在心裡。

只有自己知道，久了不想，卻也不小心忘了。

但那個悲傷，卻會在某些沒有預警的時刻，突然跑上來襲擊自己，而自己不知道，還以為這情緒是突然出現，或是從外面來的。

卻不曉得，這個悲傷，已存在自己體內許久、許久，從來沒有離開過。

完蛋了，媽媽要離開了！

「我想起來，那時候還發生一件事。」

品萱看著小乖，說了這個開頭之後，就不說話。

我坐起身，讓自己身體稍微前傾，靠向品萱一些，但一樣不說話，等她準備好，告訴我。

不知道過了多久，品萱說話了。

「我那時候應該只有八歲，剛上小學二年級吧。那天只有半天課，下課回家的時候，發現媽媽居然在家，好像在房間收拾什麼，拿了一個很大的行李箱在裝東西。我覺得不太對勁，但是不知道為什麼，我不敢走過去問。

「後來，我聽到媽媽接起一通電話，電話另一頭好像是我阿姨吧。我聽到媽媽說：『這樣的老公，這樣的家庭和婚姻，誰還待得下去？』我想起來，前一天晚上，爸媽好像為了哥哥的某件事情吵起來，爸爸罵媽媽沒把小孩教好，媽媽說是爸爸基因不好，他是像到爸爸。」品萱苦笑。

「聽到我媽電話說的那句話，我立刻全身起雞皮疙瘩。對，現在想起來，那個感覺好強烈。」品萱笑著哭了。

「我腦中閃過：『完蛋了，媽媽要離開了！』我好害怕，然後我就哭著跑進房間，拉著媽媽的手，對媽媽說：『媽媽，不要走。我會很乖，你不要走！』」

品萱開始抓著小乖，不停掉淚。

「我媽跟我說，叫我要乖乖的，她要去阿姨家住幾天。我一直說，我不要，一直哭，一直說我會乖，拜託她不要走。」

品萱抽了衛生紙，擦眼淚。

過度努力

「我媽就跟我一起抱頭痛哭。我印象中，後來她沒有走。」

我也紅了眼眶。

「你現在想起來，覺得這件事對你的影響是什麼？」

「老實說，我本來都忘記這件事了。要來諮商前，我以為我會聽話，是因為害怕爸媽念我，或是哥哥已經一直跟爸媽起衝突了，所以我要乖一點。」品萱眼淚越掉越多。

「我現在才想起來，我那時候就跟自己說，我一定要乖，不然媽媽就會離開。」

如果我不乖，我就會失去媽媽。

所以我得乖才行。

這是多令人揪心的理解。

「難怪你這麼努力，這麼乖。小乖真不容易，她真的很努力啊！跟你一起努力留下媽媽。在沒有人可以幫助你面對這一切的時候，只有小乖陪你、幫你，她真是了不起。」我眼眶濕潤地看著品萱。

「你願不願意跟這麼辛苦的小乖說聲謝謝，謝謝她這麼努力，謝謝她一直都陪著你？」

品萱看著小乖，然後，慢慢地把小乖抱緊。

「你好辛苦，你好努力，謝謝你。」

謝謝你，讓那時候孤立無援的我不孤單。

謝謝你沒有放棄，

謝謝你一直陪著我努力。

真的謝謝你。

我看著品萱，用力抱著小時候的自己，抱得很緊、很緊。

那或許是，小乖等了很久的擁抱。

不想承認的傷痛

莫忘世上蠢人多

・要「最好」的有用醫生

「我實在不懂，為什麼會有這麼多笨蛋？」育仁一坐下，就立刻氣呼呼地說了這句話。

「發生什麼事嗎？」

「一言難盡啦，就是喬病床的事情。早就跟他們說要怎麼安排，不按照我的方式做，後來出問題又要來問我，真的很奇怪耶！」育仁有點暴躁地抓了一下頭髮。「為什麼大家都不能把自己的事情做好啊！」

「當總醫師，事情很多吧，常常得處理這種不是自己捅的包？」

育仁從鼻子裡「哼」了一聲。「而且有些人明明是要來請你幫忙的，卻比你還跩，不知道在跩三小朋友，真的很莫名其妙。然後我每天都要收拾一堆爛攤，真的是超級煩。」

「聽起來，你上班壓力真的好大！那遇到壓力這麼大的時候，你有方法讓自己稍微放鬆一下嗎？」

「放鬆？怎麼放鬆？事情就是這麼多，放在那邊，也不會有人幫你做。你做不到，別人覺得你沒有用、看不起你；你做得到，別人覺得丟給你做理所當然，你就會多出一堆事。我有時候都在想，我為什麼會在這種鬼地方？」

「所以，當醫生是你原本的夢想嗎？」

育仁笑著看我，像是看一個天真無邪的小孩一樣的表情，帶著一點「哇，你好天真喔」的無奈與容忍。

（不瞞你說，被他這麼看著，我真覺得自己像個問出蠢問題的笨蛋。）

爸媽的夢想是小孩當醫生

「我是不知道別人啦，但是據我所知，我身邊當醫生的人，大部分都不是因為他們的夢想是當醫生，而是因為他們爸媽的夢想是小孩當醫生。」育仁又笑了。

「我是台南人，台南人最喜歡講一句話，你一定有聽過，就是『第一賣冰，第二做醫生』，只是父母都只聽後半句，沒叫我們去賣冰，但是都要我們『做醫生』。」育仁聳聳肩。「我們大七開始實習、大家覺得痛苦的時候，還曾經討論說醫生不要當了啦，趕快去開間冰店，賺比較多。」

「所以，很多人覺得這條路很痛苦，不過仍然繼續走下去？」我問。

「沒辦法不走。為了走這條路，付出的成本太大；中間想放棄，必須考慮很多層面的事情。當然，也不可能不考慮別人，因為醫學系這光環太大。你要卸下，也要看別人答不答應。

「當初我考上這個學校的醫學系，我爸還辦了十桌流水席，請街坊鄰居呢！」

踏上了一條不歸路

聽育仁的話，我感覺這就像踏上了一條不歸路。

在這條路上的每個人，都只能直直的往前走，只有一條路，中間也完全不能出錯，因為每個關卡都卡得很緊，只要錯過了一關，就無法留在這條「康莊大道」上。

如果你出錯了，或做出和其他人不同的選擇，你就從旁邊岔出去；但對這條路上的人來說，你就像是掉下去另一個無法想像的黑洞。你去的地方，他們無法想像，也不知道會有什麼樣不同的風景。

但想起來，只覺得可怕。

走在這一條路上的許多人，也許只能被動地、不思考地往前走，走在每個人都說這是光明大道的路上，拿下一個又一個自己不一定喜歡，但是必須拿到的錦標。

覺得累，覺得「自己為什麼待在這個鬼地方」，但是又離不開。

覺得人生沒有選擇，只能把這條路走完。

如果轉系，媽媽就以死威脅

「所以，你爸媽很希望你當醫生嗎？」

「當然，能考得上，為什麼不當醫生？多有面子。」育仁自嘲地笑笑。「我跟你講一個例子。我還在念醫學系的時候，忘了是大二還大三，我聽了同學跟我說一個他朋友分享的事情：

「他朋友的學長，原本在高中也是成績非常好，後來考上醫學系。進去之後，適應不良，而且他有看到血就昏倒的毛病。他後來真的撐不下去，跟他父母講過好幾次，他想要轉系，念別的。他原本很想念數學系，但他爸媽覺得念那個沒有用，他死都不肯啊！媽媽還威脅說，他如果轉系，她就死給他看。」育仁抿著嘴，從鼻子吐了一口氣。

「後來呢？」

「後來喔，他受不了，就跳樓，有救回來，可是變成植物人。」育仁開始無意識地搓著自己的大腿。「放暑假回家，大家一起吃飯的時候，我就在飯桌上跟家人說了這個故事。結果，你知道我爸說什麼？

「他說，這個人就是抗壓性太低，所以毀掉自己的人生。」

說到這，育仁無奈地笑了。

「我也知道，我同學跟我說這個故事，它不一定是真的，可能就是系上流傳的『都市傳說』之類。但我爸的反應，也是經典，雖然不意外啦，他就是這樣的人。」育仁拍拍自己的腿。

「所以，你本來期待爸爸是什麼反應？這個故事，是特地講給他聽的嗎？」

「也不能說是講給他聽。應該說，想讓他跟媽媽知道，這實在不是一個好待的環境。但對我爸來說，『做不到的人，就是永遠不會成功、失敗的人』，我覺得他的世界裡，只有分很厲害、很有用的人，和得依賴別人、很沒用的人。」育仁嗤笑了一聲。

「他覺得自己是前者，媽媽是後者，所以他對媽媽一直都很不客氣。」

聽到他主動談到家庭，我忍不住往下問。

爸爸在家裡就是國王

「所以，爸爸似乎對你們家、對你的影響都很大，好像是負責訂標準的人？」

聽到我的問題，育仁下意識地「嘖」了一聲；不過，他還是願意繼續說。

「我爸很霸道，家裡就是要按照他的方式去走。我不知道是不是因為他以前當校長，所以很習慣要大家都聽他的話。他在家裡就是國王，我們都是他底下的臣民。就是走『順我者昌，逆我者亡』路線。」

育仁露出一個「你懂的」的表情，有些調皮。

「所以你們家除了你跟媽媽之外，還有其他人嗎？」

「喔，我還有一個弟弟。弟弟和我差五歲，他學的跟我不一樣，他『後來』去念電機。」

我聽育仁的描述，似乎特別強調那個「後來」。

「後來？所以弟弟原本不是要念電機嗎？」

「他原本是念生態相關，我覺得很適合他。他從小就很喜歡動物、昆蟲，可以為了觀察螞蟻，幾個小時不動。但是我爸媽覺得念這個沒有用，所以逼他重考，他堅決不要跟我一樣念醫，就選了理工，後來考上了，就去念電機。」

育仁沒什麼情緒地說出這一段。

我心裡默默地「哇」了一聲。

沒有人可以選擇「自己想要的」

「你曾經有跟你弟聊過，關於他的未來選擇嗎？」

「有啊，在他決定要重考的時候，我有找他聊過。我跟他說，如果可以，他還是盡量選自己喜歡的，才不會念得太辛苦。」育仁抓抓下巴。

「結果，你知道我弟跟我講什麼嗎？他說：『哥，那你選的，是自己喜歡的，還是他們喜歡的？』我就被我弟『釘』啦，哈哈。」

「你覺得你弟想告訴你什麼？」

「他想告訴我：在這個家裡，沒有人可以按照『自己想要的』做事的，哪那麼爽？大家都為情勢所逼，不得不低頭啊！」

「所以，是爸爸比較強勢，還是爸媽的想法都一樣？你們有試過不按照他們的方式做事嗎？」

「我爸當然比較強勢，但是我媽也是同意的吧，她覺得我爸的看法很對。如果不按照他們的方式，他們就會連續疲勞轟炸。

「我高中也曾經想過不要填醫學系，他們就一直煩我，我爸狂罵我，而且大爆炸。我媽一直哭，說我為什麼要讓他們煩惱，真的很不孝什麼的。我受不了，最後還是填了。

「我弟就更不用說了，他一開始確定念生科，我爸媽開始輪流罵他，連我弟老師打電話來，勸他們說，我弟真的是對這方面很有天分、又有興趣時，我爸很不客氣地說：『不是你家的小孩，你當然會不在乎他的未來，只在乎他的興趣。』」

「哇！」聽起來真的是很不客氣。

看來對這兩兄弟來說，自己的未來從來都不是自己的，都是由爸爸決定的。他覺得該走東就得走東，該走西就得走西。

「對自己的未來，你們都沒有自主權，很痛苦吧？」

「習慣了，早就放棄了，就是過生活。我是覺得我還好，我弟比較慘，畢竟他還要重考，而且要放棄他很喜歡的東西。我其實也不太知道，自己不念醫的話，可以做些什麼。」

已經習慣被決定了，於是奉獻出自己的肉體，「你要，就拿去吧！」關閉感覺去執行所有別人希望自己做的事情，像是傀儡一般。**久而久之，也不知道自己真正的感受、喜好是什麼。**

那是一種「放棄」、「無可奈何」的心情。

整個人被抓起來摔向牆壁

「所以，你們都很怕爸爸，是因為他很會發脾氣嗎？」從前面的對話，我聽到了一點蛛絲馬跡。

「不是『很會發脾氣』這種程度而已，是會『爆炸』的狀況。他的爆炸，會讓家裡就像被炸彈炸過一樣，東西亂丟、亂砸，大吼大叫。有時候，也會對我們動手。」

「對你們動手？會打你們嗎？」

「會啊，我記得小時候我有一次對他頂嘴，他就把我整個人抓起來摔向牆壁。」育仁沒有情緒地說這件事。

「你媽媽呢？在你爸爸這樣發脾氣的時候，你媽媽在嗎？」

「我印象中，一開始，她好像就是哭，還會叫他不要這樣。不過，我印象很深刻，有時候，我爸會連她一起打。後來我爸揍我們的時候，我媽會躲到另外一個房間裡，眼不見為淨吧？我想。」

對於他們兄弟，那又是怎樣的光景？

「反正她在也沒用啦，就是哭，說不定之後還要安慰她。」育仁擺擺手，像是揮走什麼蟲子一樣地煩躁。

「我不想談這個了，可以換個話題嗎？」

不定時炸彈

對於育仁兄弟來說，爸爸的情緒像是不定時炸彈，時常會炸向他們。家裡的另一個大人——媽媽，完全沒有能力阻止爸爸。他們兩兄弟害怕激發他的情緒，不希望讓爸爸有機會傷害他們，於是只好順著他。

面對媽媽的無能、爸爸的暴虐，這兩兄弟是怎麼走過來的？

「談這個，大概讓你很不舒服吧？我猜，你沒跟什麼人聊過這件事？」

我看著育仁，他看起來若無其事地左右轉轉頭，像是在拉筋一樣，脖子發出「喀喀」的聲音。

「也沒什麼不舒服，就不習慣。要談，也不是不行，只是我不知道，這跟我說我很容易暴躁有什麼關係？不是應該談我的工作嗎？」

育仁挑了一下眉，我感覺到他的抗拒，但仍故作鎮定。

這個經驗，是對他很重要，卻也是不想去回顧的經驗吧。

「其實，**我們的情緒表現方式，有部分是學習來的**。如果你小時候，看到你的父親都是這樣表現情緒，而你對於他的暴怒覺得害怕的話，很有可能，除了讓自己沒感覺之外，你也會出現相對應的情緒：『**憤怒**』，因為**這個情緒比『害怕』更能保護你、更能促使你做些什麼離開這個情境**。

「看起來你爸爸遇到計畫外，或你們沒有按照他的方式去做等這些不可控的事情，都會用『憤怒』來控制全局、控制你們。

「當你這麼熟習這個模式；後來，如果你感受到生活出現一些你計畫之外、不可控的狀況，而這情況讓你太焦慮，害怕自己無法掌握全局時，你很有可能模仿爸爸的處理方式，用『憤怒』來控制，來讓事情變得在軌道上，變得合自己心意。」

孩子為了生存，只好內化父母對待他的方式

對於像育仁這樣，理性與自主意識很強的個案，有時候我會先說明一下，我想探問的事情背後的目的是什麼。當他們瞭解之後，合作起來可能會更順暢。

育仁聽了之後，有一點驚訝。「所以我跟我爸可能會有一樣的毛病？這也太慘了。」

「育仁，你和你爸，永遠是不一樣的兩個人。

「只是，相處久了，或被這麼對待久了，行為與情緒處理模式，或許有模仿的可能性。例如你說，家裡的生活，基本來說都是用爸爸的標準，不然他就會爆炸。為了生存，你們只好內化他的標準，變成你生活、生命的一部分，甚至變成你的個性之一，也是很有可能的。」

有些時候，我們窮其一生想要擺脫父母對自己的影響，甚至極為努力，想要避免自己成為像父母這樣的人；不過，**想要「完全擺脫」，也仍是受父母影響的證明。**

當我們發現，自己這麼努力，父母的一些讓我們不認同的部分，卻還是進入我們的骨血、成為自我的一部分時，對我們來說，可能會是一個不小的打擊。

過度努力

特別是像育仁這樣，自我要求高，認為自己應該能夠控制所有表現的人。

國中時，就下了兩個決定

「不過，聽起來，你好像很希望自己不要成為跟爸爸一樣的人？」我接著問。

「當然啊，誰想要變成那樣。而且對外，他都一副愛小孩、愛老婆的樣子，又是退休校長。誰知道他會在家裡，把我們打得跟豬頭一樣？」育仁笑了。

「記得國中時，我就下了決定。一個是，等我一有能力，我一定要馬上搬出去住，那我就需要一份不錯的工作來養活自己，所以我必須要拚命念書，這是擺脫現在狀況唯一的方法。

「另一個決定是，我一定要好好注意我的情緒，不能隨便發脾氣，不然就會變得跟他一樣。」

「變得跟爸爸一樣的話，會怎麼樣？」我繼續往下問。

「就會傷害身邊的人啊！家庭破碎，每個人都對他不滿，但為了維持表面和平，大家都沒表現出來，讓他可以繼續做『家庭和樂』的夢。」育仁又嗤笑了一下。

「說到這，今年過年，我爸說了一句話，我差點當場翻他白眼。」

「你爸說了什麼？」

「我爸說，我們兄弟現在可以都有不錯的學歷，會有一份不錯的工作，這些都要感謝他。要不是他當嚴父，依我們兩個這種沒出息的個性，大概不會太有成就。」

說完這句話，育仁笑得開懷。

「哇塞，你可以想像嗎？他真的自我感覺很良好耶！老實說，我跟我弟撐得下來，是我們心理素質很強大好不好？他還以為這一切都是他的功勞，覺得把我們打得半死是為我們好，而不是他情緒控管根本就有問題。

「我媽居然在旁邊同意，說我們真的要感謝爸爸。這對夫妻真的很妙，難怪可以在一起這麼多年。」

我聽育仁說的話，心中突然湧起一種悲傷的感覺。

無法被承認的痛

應該是保護自己、遮風蔽雨的家，卻成為帶給自己最大傷痛的來源。但是**這個痛，不能被承認，還必須當成是對自己的愛，硬得吞嚥下去，像催眠般地告訴自己說，這對身體很好。**

連自己的感覺都不能相信、不能承認，甚至還要被扭曲。

這真的很令人難受。

難怪育仁必須用這種戲謔地、把自己當局外人的方式，看待這一切。

因為，沒有人想聽他們兄弟的聲音，而這一切又太難忍受。

離遠一些，或許就可以不再想起那時候的痛苦與害怕。

所有的抗拒，只是為了保護自己的心，不要再因為有期待，或是想起那些事情，而感到難以承受的痛。

要面對，甚至消化、療癒這樣的痛楚，需要多少的時間？

做得到嗎？

我不知道。

你根本就不要我

・戴著面具的小木偶

「最近我變得很常跟我媽吵架！」美惠一坐下來，就講了這件事。「不知道跟諮商有沒有關係？」

「怎麼說呢？」

「諮商的時候，會一直講到以前的事情。有些事，其實我已經忘了。現在想想，可能就是忘了，我才可以跟我媽好好相處。」美惠笑了笑。

「但最近談這兩次，有些事情就想了起來，做夢還會夢到，覺得很難過，就忍不住跟我媽吵架。」

煎熬又難忍的過渡期

諮商的過程，對於許多人來說，最困難的或許是這段「過渡期」。

原本關閉的感覺，現在慢慢打開了；原本封印起來的回憶，現在都想起來了。於是，個案必須面對一段時間的情緒起伏，甚至感覺到在日常生活中，自己的情緒都變得比較敏感，心情很容易因而變化。

對於習慣「關閉感覺」，讓自己保持穩定的人來說，會覺得這個狀況很可怕，也可能會因此覺得：「諮商沒有用，還讓我變得更糟」，因而想要停下來或放棄。

特別是，如果談論到對個案非常重要的影響，那種不舒服的感覺，絕對是難耐的；不想面對，或想用之前的方式逃避，是非常正常的反應。

畢竟，**面對「危險」或「焦慮」，人會更想要做「習慣的事情」，或用「熟悉的反應模式」，因為這些模式「曾經有效」，能夠帶給我們「安全感」。**

不過，一有這樣的狀況，就代表我們的諮商的確有進展了。

這些想起來的事情或感覺，對美惠來說，都很重要。

被忘記的孩子……

「你想起什麼事情？願意跟我說說嗎？」

美惠的眼神有些遙遠，看似正在想，但眼眶慢慢變紅。

「小時候有一次，那時候，我應該還很小，六、七歲吧。媽媽帶著姊姊、我跟弟弟一起出門去百貨公司。因為媽媽想去買東西，所以把我們三個放在百貨公司的兒童遊戲區，自己就先去買東西，買完東西之後，她再來接我們回家。

「結果，她記得帶姊姊跟弟弟，但是不記得我。我自己一個人在旁邊玩模型車，一回神，發現在另一邊玩溜滑梯的姊姊跟弟弟都不見了。我一直哭、一直哭，想要跑去找他們，是百貨公司的工作人員阻止我，然後開始廣播。

「後來媽媽才氣急敗壞地回來，一直跟百貨公司的人道歉，然後把我帶走。我回家被揍一頓，說我為什麼只顧著玩，都沒有發現媽媽來帶我們了。是我自己太愛玩，才會害媽媽漏掉我。

「現在想起來就覺得生氣。明明是你忘記我，忘記小孩的媽媽已經夠誇張了，還把錯怪在小孩身上，這樣對嗎？」美惠越講越生氣，眼眶越來越紅。

看起來很憤怒的美惠，背後的情緒是很深的受傷。

媽媽，你怎麼會忘記我呢？
難道對你來說，我真的是多餘的小孩嗎？
被忘記的我，已經夠難過了，為什麼你還要打我？讓我覺得自己是錯的？
真的是我的錯嗎？

對於那時以父母為天的小孩來說，這種「被拋棄的恐懼」，有時只要遭遇一次，就會讓人難以忘懷，成為生命中的創痛之一。

除了不被愛的恐懼之外，還包含了：**「是不是我對你一點都不重要」的害怕，甚至可能伴隨：「是不是我真的不好，所以你不要我」的自我厭惡與自傷。**

「我最近想起這件事。然後有一次，我媽又跟我說我弟怎樣怎樣，然後順便念我說，要我關心我弟，要當個好姊姊，『不要都只顧自己好』。」說到這，美惠吐了很大一口氣。

「聽到這，我就忍不住回了：『我不顧自己好的話，你根本就不管我啊，你以前還忘記有生我這個小孩。對你來說，我就是多出來的！』」美惠有點激動地說出這些話。

「你這麼說，媽媽怎麼回？」

「她就開始哭，說我發什麼神經？她只是關心我，也只是要我多關心弟弟而已，為什麼叫我做點事情就要一直抱怨。然後開始說，自己是個失敗的母親，孩子都覺得她做不好。」美惠看起來很無奈。

「我又問她，那時候為什麼會忘記我？而且她忘記我，明明是她的錯，回家居然還打我！

「我媽說她不記得了，說我真的是心機很重的小孩，這麼久的事情都還記得，很愛計較。然後，她就掛我電話。」

都是孩子的錯？

我們兩個人一起深深地吐口氣。

「你聽完你媽的話，有什麼感覺？」

「感覺更糟。她的口氣好像都是我的錯，是我忘恩負義、不知感恩，把她逼成這個樣子，她完全不知道我在跟她說什麼！」

「你覺得，你在跟她說什麼？」我看著美惠，緩緩地問。

美惠看著我，不發一語，慢慢地，紅著的眼眶盈出了淚。

「我想問她，我是不是她多出來的小孩？是不是，她本來根本就不想要我？」

聽著美惠說的話，我感覺這句話裡，背後還有更深更深的傷痛。

「你會這麼說，是因為這件事？還是，有其他的事情，讓你有類似的感覺？」

我看著她，輕輕地問。

美惠看著我。

「小時候，有次我不穿她準備的洋裝時，她很生氣地跟我說，第一胎生了姊姊，已經是女生了，後來懷了我，她一知道是女生，本來想要拿掉，是爸爸希望留下來。早知道就不要把我生下來，省得現在這麼痛苦。」

美惠笑了，但是淚如雨下。

「所以，我本來就是她不要的孩子。」

聽到媽媽說這件事的美惠，後來變得聽話許多，開始勉強自己去做原本不願做的事情。

這不只是因為害怕媽媽會突然暴走的情緒，而是：

如果你本來就不要我，

這個痛被挖開了。

我們一起待在這個痛楚的洞裡，很深，很深。

第三步

覺察

「我們的選擇，遠比我們的才能，
更能呈現出我們的真實面貌。」

——阿不思・鄧不利多，《哈利波特——神秘的魔法石》

你的人生，要讓誰滿意？

「不夠努力」的危險

・完美媽媽雅文

雅文坐在沙發上，托著腮，看起來欲言又止，似乎在腦中整理著想說出口的事情。

我靜靜等著，等著她主動開口。

沒讓我等很久，雅文開口了。

「這次回去之後，我想了很多，很多回憶都跑上來。」雅文端起水杯，喝了一口。「以前，我認為我媽對我的要求都是合理的。應該說，就算痛苦，我還是習慣盡量做到。但最近，當她又打電話來、挑剔我一些事情，或是說我不夠愛她、不夠在乎她，對我說一些很難聽的話時，我變得很難忍耐。」

「她會對你說什麼？」

「她會突然打來罵我，例如沒有跟她見面吃飯、只在乎自己的生活，有了自己的家庭就不管她了；說我『沒有盡到一個女兒的責任』，如果我的孩子看到我這樣，也會學著不孝順，以後絕對不會孝順我；說我沒有以身作則，以後孩子跟我會不親，丈夫也會覺得我做得不好。

「我有一次受不了。我問她，為什麼要一直詛咒我的生活、我的家庭，難道我過得不好，她最開心？

「她在電話另一頭就大發脾氣，說我不知感恩。說她把我養那麼大，我居然恩將仇報，把她說成是會詛咒小孩的惡毒母親。

「後來她就一直跳針，也跟我們的親戚、阿姨們抱怨我，說我不孝。」

雅文有點無奈地笑了。「以前這些話、這類誤解，我沒有少聽，那時候，我好像都可以忍耐、可以無感。不知道為什麼，現在很難承受，動不動我就會頂回去，然後就變成這樣。」

「你聽到媽媽這麼說你，感覺怎麼樣呢？」

「感覺很無奈啊！在她眼中，我永遠做得都不夠好，永遠不夠愛她，永遠不夠努力……」說到這，雅文突然停了一下，她抿起嘴來。

我沒說話，等著她。

通常出現這個表情，就代表有不太說得出口，但是很重要的話想說。

我有義務，讓媽媽快樂幸福

「她從以前到現在，就常常說，說**她要不是因為我，她會更有成就，都是我拖累她。**」

雅文無意識地撫摸著自己的手臂，像是安撫著自己一般。

「我以前聽著這種話，都會很有罪惡感，覺得都是我的錯，才害媽媽變得這樣，害她不能跟這樣的爸爸離婚。所以我拚命地做，希望能彌補一些什麼。」

說到這，雅文突然笑了。

「很像**我是我爸的代罪羔羊**，他跑走了，我替他留下來收拾殘局，變成人質。感覺我的出生就是原罪，就對不起我媽。所以我沒有選擇，只能盡量讓她滿意，像是贖罪一樣。」

「你覺得，你在贖什麼罪？」

「因為我的存在，讓我媽沒有辦法擁有她想要的未來。」雅文苦笑了一下。

過度
努力

「所以，你認為這是你的錯嗎？」

雅文沒有馬上回話，抬頭看了我一眼，嘆口氣。

「我以前從來沒有想過這個問題，很習慣就承擔這個責任，覺得自己有義務要讓媽媽生活得快樂幸福。套一句你書上常講的，我就是那種，很容易承擔父母情緒責任的小孩，覺得我媽有一點心情不好，都可能是我做錯什麼。

「我沒有不努力的權利。我必須要一直往前衝，否則我就對不起我媽。」

強大的羞愧感

這個**「對不起媽媽」的習慣性想法，與其說是罪惡感，倒不如說是「如果我沒做到、沒做好，我就會讓媽媽很不快樂，這樣的我就很糟糕」的羞愧感。**

被這種羞愧感淹沒，是很可怕的事情，所以雅文必須一直往前衝，避免被媽媽的責難、被自己的羞愧感追上。

「但是最近，我一直覺得好累。有時候會想，可是，決定不離婚來撫養我，這不是我媽自己的選擇嗎？為什麼變成我該承擔？」

說出這些話，對雅文來說，應該是不容易的。

她看向遠方，眼光盡量不和我接觸。

「不過，當我有這個想法，我又想責備自己，覺得自己這樣想很不孝。下一秒，回過神來，我就發現我買了一大堆東西回家了。」雅文苦笑。

對現在的雅文來說，因為回復工作，有經濟能力了，買東西變成雅文逃避痛苦的重要方式。

又氣、又想念爸爸

「最近除了對我媽有一些想法，偶爾我也會想起我爸。」雅文又喝了一口水，用水杯掩飾她的表情。「我做了一個夢，你想聽嗎？」

「當然。」

雅文又喝了一口水，緩緩道出她的夢境。

「我……夢到我還很小，我爸帶我去遊樂園玩，玩了一整天，最後在旋轉木馬上，他問了我一句：『小文，你快樂嗎？』」

雅文抿著嘴，像是強忍著什麼。

「夢裡的我說：『爸爸，我好想你。』

過度努力

「醒來之後，我忍不住大哭。我都忘記了，很小的時候，他還在家裡時，曾經很疼愛我過。」

幾乎不在我面前哭的雅文，眼淚一滴、一滴……慢慢地越來越多，滴滴答答地掉下來。

「現在的我才有辦法承認，我真的好氣他，但也好想他，可是我想念的，不是現在這個爸爸，而是以前那個很疼愛我的爸爸。」

雅文一直哭，停不下來。

「我知道他回不來了，我也知道那段時光回不去了。可是，我曾經有一段時光，真的是父母的掌上明珠，可以任性、不用那麼懂事，可以什麼都不懂、都不會，還是可以被疼愛。

「我真的、真的很想念那時候的他。」雅文哭得唏哩嘩啦，幾近岔氣。在旁邊的我，跟著不停掉淚。

可是，你知道嗎？你想念的不只是以前的爸爸。

這句話，我忍不住開口說了。

雅文看著我，原本快止住的淚，又蓄積了起來。

「對，我也好想念那時候的我。可以任性，可以不用讓誰滿意，不用擔心不夠努力的話，會害媽媽丟臉，或是被親戚、同學看不起，說就是因為單親，所以我才會不夠好。

「小學時，當我沒做到媽媽的要求，會被媽媽打。**打完之後，媽媽會拉著我哭，哭著說：**

『我們孤兒寡母，不要讓別人看不起，所以你要爭氣。』

「我不能不努力、不能不爭氣啊！」雅文笑著流淚，笑著說這一切。「我好羨慕爸爸還在那時候的自己，可是，那又能怎麼辦呢？我怎麼能停下來呢？」

對啊，那又能怎麼辦呢？

人生，卻有那麼多的無可奈何。

「小時候的你，可能不能停，但現在呢？現在的你，還需要證明什麼？以前你的努力與表現，證明得還不夠嗎？」

「不行，不努力的話，會很危險。」雅文看著我，斬釘截鐵地說。

「會有什麼危險？」我輕輕地問。覺得有什麼很重要、藏在背後的害怕與恐懼，將要展露出它真正的樣子。

「我就會變得跟我爸一樣，變得沒有用、失敗，害身邊的人一起痛苦。」

雅文一臉痛苦地吐出這些話。

不能像爸爸，否則會失敗

原來，從小到大，雅文的媽媽不停地向雅文強調，她有多像爸爸，不管是個性、才華、長相……雅文的爸爸是個有才華的人，不過在媽媽口中，爸爸的個性有些好高騖遠、有些懶散，有些三分鐘熱度，而且像孩子一樣，很討厭負責任。

媽媽很常提醒雅文：「你如果不努力、不自我要求，你以後就會跟你爸一樣。有才華又有什麼用？還不是失敗了，最後就會留一大堆爛攤子給別人收拾。」

所以雅文的腦中，一直有著「不努力就會失敗、就會得到很可怕的結果、就會跟爸爸一樣沒有用」的恐懼。加上媽媽一直強調：「你跟你爸爸真的很像，個性很隨便、不夠認真，所以我一定要好好訓練你，改變你的個性。」

原本的雅文也是個聰明的孩子，只是沒這麼循規蹈矩，個性也比較粗心大意。媽媽極為嚴格的要求，以及不停地提醒「像爸爸就會失敗」的可能性，讓雅文更加戰戰兢兢地跟著媽媽的腳步走，變成現在事事要求完美的另一個樣子。

反而**變成媽媽的複製品**。

必須奉獻出我的全部，才能完成媽媽想要的未來

「你知道嗎？我從小就覺得，『像我爸』這件事，就像是一個詛咒一樣。因為，這讓你既可能變得跟他一樣，讓周遭的人痛苦失望；也讓你必須變成他的替身，要『跟他不一樣』，讓身邊的人滿意。

「我現在想想，那個在我後面不停追趕我、讓我停不下來的，說不定，就是我爸的幽魂吧！停下來，我就會被追上、被附身，然後我就會變得不像自己的樣子，毀掉我的生活。

「不過，不要停下來的方式，是要變成另外一個樣子。所以，不管怎樣，我自己原本的樣子，都是無法被這個世界接納的。

「於是，『我不能用自己原本的樣子生活，那樣太輕鬆了。想要活下去的話，不可以過得這麼爽』，就變成我的信念。」雅文再拿起水，喝了一口。「畢竟，我背負著很多責任。」

過度
努力

「你背負了什麼？」

「**背負了要讓媽媽的人生故事變得不同；背負了要幫爸爸向媽媽贖罪；**我讓媽媽付出她的未來，所以，我必須奉獻出我的生命，完成她想要的未來。」

於是，雅文成為爸爸的替身，媽媽的未來，一步一腳印地，只能往媽媽最滿意、最想要的方向去走，完成那些沒被完成的遺憾。

所以，我才時常會在雅文提到媽媽時，感受到那種，不顧一切地、毫無選擇的殉教感。

我像我爸爸，也像我媽媽

「你真的覺得你跟爸爸一樣嗎？有沒有什麼機會，讓你曾經想過，你和爸爸是不同的？」

雅文眼睛看向窗外，想了一想，突然眼睛一亮。

「有，我想到一件事。之前快結婚時，因為要搬家，我整理了一下家裡的雜物，看到媽媽年輕時候的照片，大概是十七、八歲的年紀。」

說到這，雅文突然笑了。

「欸，真的很誇張耶，長得跟我大學時一模一樣。我看到照片的時候，就想說：『哇塞，媽，你居然誆我這麼多年。長大的我，明明長得跟你一模一樣啊！』」

雅文笑得好開心地說這句話，眼角帶著淚。

「要不是你問，我都忘記這件事了，因為那時候只是一瞥，我記得當時我並沒有什麼感覺跟想法，只是覺得我媽年輕的時候長得跟我很像。

「現在想到，就覺得，我明明就不是跟爸爸一模一樣。我也是媽媽你的小孩，也有跟你一樣的部分啊！」

完美是她重要的盔甲

「你現在說出這件事，感覺怎麼樣？」看到雅文的表情開始有些鬆動，我緩緩地問了雅文這個問題。

於是，雅文說出了一句很關鍵的話。

「我像我爸爸，也像我媽媽。」雅文抬頭看著我。

「你覺得，我是不是有機會，走出跟他們不一樣的路？」

雅文像個小女孩一般，有些可憐兮兮地望著我。

我第一次看到她這個樣子，脆弱又真實。

我想，這是雅文內心的真正模樣，或者，是她內心的小雅文。那些外在的完美表現，是她用來保護脆弱、幼小的自己不再受傷，能夠在生活中撐下去的重要盔甲。

畢竟，她太早就被要求長大，所以，她非得好好保護自己不可。

因為，她背負著太多責任，需要讓太多人滿意。

「你和他們或許都有相像的地方，但你仍然是你自己。」我很認真地看著雅文。

「即使你身上有和他們類似的特質；你個人的意志、你的選擇，都會讓你跟他們不一樣，過著不一樣的生活。**你不會複製誰，也不需要複製誰**。

「你，就是你自己。」

●●●

聽了我的話，雅文慢慢環抱起自己的身體，把頭埋進自己的懷抱裡，抱頭痛哭。

我和她在一起，而這次，是療癒的眼淚。

我想，總有一天，雅文可以徹底地從這個詛咒中釋放，**讓這些相像，可以成為禮物。**

你像爸爸，也像媽媽，你也是你自己，有他們兩個都沒有的部分。

然後，你終於可以不再當爸爸的替身，不再成為媽媽的未來，不用再努力讓誰滿意。

可以好好地、讓你自己滿意。

我在心裡，送給她我的祝福。

你願意只為自己努力嗎？

・自責小姐欣卉

「上次談完之後，我好像開始有了動力。」欣卉笑了笑。「我想要找一份工作，準備去面試。只是停了那麼久沒工作，好像不大容易。投了不少履歷出去，但沒什麼回音。

「不過……最近發生了一件事，過度換氣似乎又有小發作一次。」

欣卉的手指開始在沙發上劃圈圈。

「發生了什麼呢？」

「最近……因為我開始投履歷，要準備面試了。我就決定，要去做一點微整形。」欣卉有點不好意思地笑了。「我沒有跟你說，其實，我一直都有去做整形的習慣。從頭到腳，我大概都有動過一點。不是只做很簡單的那種，有時候是比較大的手術，例如開眼頭、小臉削骨等，我都做過。」

我點點頭，心裡默默替她覺得痛。

我整形得跟姊姊好像

「這次，我想要把鼻子墊高一點。我想去整鼻子已經很久了，我們家人都是高挺鼻梁，類似希臘鼻的那種，偏偏只有我，是不好看的朝天鼻。所以想說，趁現在準備要去面試，又可以一個人在家休養，我想趁機去做，然後……我就去做了。」

「嗯，後來呢？」

「後來……」欣卉苦笑了。「後來我在鏡子裡，看到自己，我突然覺得好可怕。我變得跟我姊姊好像，一點都不像我自己。

「想到這裡，我不知道為什麼就開始喘了起來，然後就開始過度換氣，我只好趕快去醫院急診。」

說到這裡，欣卉紅了眼眶。

覺得自己好卑微

「講這件事的時候，你好像有些情緒上來？」我輕輕問著欣卉。

她遲疑了一下，點點頭。

「怎麼了？」

「我不知道……就覺得好難過，不知道為什麼，我想到我外婆。」

欣卉的眼淚，滴滴答答地掉了下來。「一想到外婆，我就覺得更難過。」

「你覺得，你在替誰難過？」我隱隱地感覺到，欣卉知道自己為什麼這麼難過，但很難說得出口。

「我……我替自己難過，我好難過、好難過……」欣卉突然放聲大哭。「我看著鏡子，覺得鏡子裡的自己好卑微。我那麼努力變成這個家的人會喜歡的樣子，是為了什麼？他們根本沒有人認為我是這個家的人，而我為了他們，已經變得連我自己都認不得了。但他們還是不要我啊！」

欣卉不停地哭。

「只有外婆，她喜歡我，可是她也不在了，我連她的最後一面都沒見到。然後，我還把自己變成連我自己都不喜歡的樣子……」

既傷心又憤怒。

對那些不停指責、要求自己的人憤怒；對必須贏取他們肯定的自己，感到傷心與悲哀；

甚至，也對這樣的自己覺得憤怒——

你怎麼可以為了得到別人的愛，背棄了外婆，背棄了你自己？

你怎麼這麼沒有用？

你怎麼這麼可悲？

「恐慌」是一種對自己的提醒

混合著憤怒、悲傷、無可奈何與自我厭惡的責備與無力感，深深鞭笞著自己。

這些傷痛太重，當自己沒有辦法消化、面對時，有時會化成其他的形式，例如恐慌、焦慮、過度換氣、憂鬱……整個攫住自己，動彈不得。

或許，那是自己無法消化「自我厭惡」的結果。

但我仍忍不住想，**會不會，那也是一種心疼自己的抗拒反應？**

好像是自己的身體與心理在提醒自己：

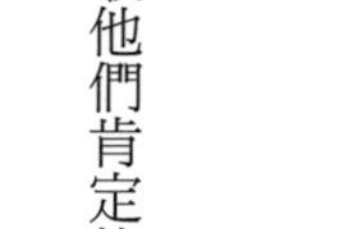

「你其實可以不用這麼做的。」

你其實可以不用這麼辛苦的。

是不是欣卉的身體與心，想要阻止她，提醒她：可以不用這麼自虐地對待自己？

當我這麼回饋給欣卉時，欣卉呆了一呆。

「我總以為，『恐慌』是我抗壓性太低、太軟弱的結果。我認為我應該要消滅它，不然它會拖累、癱瘓我的生活，就像現在這樣。」欣卉看著我。「我沒有想過，它可能是想要提醒我什麼。」

聽了欣卉這麼說，我想了一想。「欣卉，你看一下房間裡的擺飾跟娃娃，如果要選一個東西，代表你的『恐慌』，你會選什麼？會幫它取什麼名字？」

欣卉有些遲疑地起身，看了一看，選了一個粉紅色的、笑得很開心的圓娃娃。

摸著這個娃娃，欣卉的眼底開始蓄滿了淚。

外婆想告訴你的話

「所以，你選了這個娃娃。它代表你的恐慌嗎？」

欣卉點點頭，又搖搖頭。「好像是，又好像不是。」

「你看著它，覺得它代表什麼？」

「我覺得它笑得好溫柔的樣子，也好像我的外婆。」欣卉帶著淚笑了。「好奇怪，你要我選一個代表我恐慌的東西。我選的東西，卻會讓我想到我的外婆。」

「這對你而言，有什麼意義嗎？」

「我很想要問外婆：是不是你在用這個方式提醒我，想跟我說，我可以不用這樣？」

欣卉兩手抱著娃娃，並且輕輕搖晃自己的身體，像是忍耐著什麼情緒。「你是不是想跟我說，我可以不用一直為了別人努力？可是，我真的可以，不用為了別人努力嗎？」

我在一旁紅了眼眶。

「你想，外婆會怎麼回答你？」

欣卉盯著娃娃，一直輕輕摸著娃娃，過了一會兒，她露出了微笑。

「外婆她會跟我說：你可以為了自己努力就好，我會守護你。」

過度
努力

守護你，
直到你找回自己的樣子，
直到你能夠喜歡自己真正的樣子。
那，就是你最美的樣子。

我只是，怕輸

代代相傳的家族祕密

‧一定要贏的明耀

上次談完之後，明耀向我請假了好幾週。一個月過去了，明耀突然和我約了時間，還提早十分鐘出現在諮商室。

我進諮商室時，坐在沙發上的明耀正看著手機螢幕，露出若有所思的表情。表情很複雜，我暫時無法辨識是怎麼樣的情緒。

回頭想來，或許對於明耀來說，當時的他，心情的確極為複雜，很難描述。

過度努力

我坐了下來，和他打聲招呼：「嗨。」

「嗨，好久不見。」明耀對我露出一個表情，看起來勉強地笑了一下。很像是吞嚥了什麼很難下嚥的食物，卻還必須露出勉強、不失禮的笑容說：「嗯，還不錯」的表情。

我靜靜地看著他，等著他先開始。

過了一會，明耀深吸一口氣，開口了：

「最近，住在美國的姑姑回來，聽我叔叔說我在問哥哥的事情，她聯絡上我，然後，都跟我說了。」明耀露出十分複雜的表情。

第一次，明耀主動跟我聊了許多他家庭的事。

家族不能說的祕密

明耀從小生長在當地望族，爺爺自己白手起家，創了一方事業。奶奶在生了姑姑之後，沒多久就過世了。爺爺幾乎是獨自養著家裡的四個小孩：大伯、明耀的爸爸、叔叔，還有姑姑。

在四個小孩裡，爺爺最疼大伯，也寄予最大的期望。大伯從小聰穎過人，外表也十分出眾。爺爺常說，大伯最像他，只有大伯可以繼承、發揚他的事業。

但是在大伯考上台大就讀的第一年，剛申請到國外的學校，準備暑假要去國外念書時大伯和朋友一起去游泳，不幸遇到大浪，溺水過世。

爺爺悲痛萬分，只好把所有的期望，全部落在比大伯小六歲的明耀爸爸身上。但對於爺爺來說，明耀爸爸各方面的表現，都不如自己的大兒子：不夠聰明，也不夠積極；性格上，爺爺認為，明耀的爸爸更像他的媽媽，也就是平常唯爺爺是從的奶奶。帶著巨大的期望、比較與不滿意，明耀爸爸就這樣辛苦地長大。對爺爺來說，他是沒有選擇地，讓明耀爸爸繼承他的公司。

後來，明耀爸爸認識了公司裡的一名小事務員，也就是明耀的媽媽，並且沒多久就娶了她。這件事也讓爺爺大發雷霆，因為明耀媽媽是孤兒，從小就在育幼院長大。爺爺覺得太過門不當，戶不對，還為此冷凍明耀爸爸一段時間；當然，更不承認明耀媽媽是自己的媳婦，在家裡，只把明耀媽媽當成做家事的傭僕。

直到明耀大哥出生。因為，明耀大哥嬰孩時的樣子，和當年甫出生的大伯，聽說是一模一樣。

因此就這樣，爺爺對大兒子的各種遺憾與愛，全部都投注在明耀的大哥身上，還替他親取名字，就叫永暉。其中的「暉」，用的就是大伯的名字。甚至爺爺還會對家裡的其他人說：

「永暉就是我的小孩。」

只是，這句話，不知怎麼，傳著傳著，居然變樣了。

明耀的爺爺家，是一個很大的家族，所有的孩子即使結婚生子，都與明耀爺爺一起住在祖宅。那時候，由於爺爺對明耀媽媽的不認可，所以家族裡的其他人，也對於明耀媽媽十分輕賤，認為她就是負責做家事的傭人。

但當明耀爺爺由於永暉的關係，而開始對明耀媽媽態度有所轉變，而且又一直說永暉其實是自己的小孩時——

開始有人假設，明耀爸爸為了讓自己可以回公司、重新獲得經營權，把媽媽送上爺爺的床，才懷了永暉。

所以爺爺才會這麼疼永暉。

這完全不可能發生的事情，從假設，變成聽說，最後變成事實。

變成這個家族不能說出來的祕密。

連明耀的爸爸，最後都開始懷疑自己的太太與爸爸有染，但卻不敢問，也不敢提。

後來，永暉九歲的時候，因為先天性心臟病過世。這件事，對爺爺是極大的打擊，沒有多久，爺爺也過世了。

繼承公司的明耀爸爸，在巨大的壓力，以及與妻子長期的猜忌與冷漠下，染上了酒癮。在一次酒後，和妻子再度發生關係，於是才有了明耀。

好不容易有了明耀，兩人的關係似乎也有些修復，因此明耀爸媽有默契地將爺爺和永暉的東西與記憶全部封印，想假裝那段對他們人生影響極大的過去，從來沒有發生過。

而他們兩人，也從來沒有聊過「永暉到底是誰的孩子」這件事，明耀爸爸就抱著這個疑惑，後來突然心臟病離世了。

在明耀爸爸染上酒癮之後，爺爺留下的公司，經營上也越來越困難，最後爸爸收掉了公司。當時的明耀已經在美國念書，最後，他靠著自己死命地在國外打工、申請獎學金，勉強在國外活了下來，也念完書，找到工作。

直到三十多歲這年，明耀才因為公司外派他回台灣分公司，而回到這個他從小成長的地方。

這些過往，其實大半他都不清楚，因為在他出生之後，爺爺早已過世。不過，由於爺爺十分重男輕女，在家裡地位也不高的姑姑，和媽媽意外地成為「患難之交」，因此這些事情，是姑姑告訴他的。

我不要跟他們一樣，我要贏

「聽了姑姑跟你說的事，你似乎心情很複雜？」

看到他描述完姑姑跟他說的話後的表情，我輕輕地問。

「我小時候，很討厭看到我爸那種沒有用的頹喪樣。常常喝酒，自怨自艾，覺得自己就是一輩子『撿角』（台語）；媽媽也是，一輩子對叔叔、嬸嬸他們唯唯諾諾，爸爸也不能保護她。

「我很討厭爸爸那個樣子，看到媽媽總是低人一等的樣子，我也難過；所以我跟自己說，我不要跟他們一樣，一輩子都是個失敗者，一輩子都要看人臉色。所以我要贏！只要我能力夠好，別人就必須尊敬我，我就不用經歷這些。」

明耀對著我說，眼神卻沒有跟我接觸。

可能是因為，要對我描述他認為不夠好的過往，或是那些家庭與心中陰暗的歷史與情緒，都不是容易的事。

「聽了姑姑說的事情，當晚我就做了一個夢。我夢到在一個房間裡，我爺爺一直打我爸爸，說：『你怎麼這麼沒用，這麼沒用！』。

「我媽媽則在另一個房間，被一堆人圍著嘲笑，還拿東西丟她。

「我似乎是大叫著『不要！』醒來的，醒來之後，我發現我在哭。」明耀自嘲地笑笑。

「我突然想到，我好多好多年，都沒有哭了。」

信念一層一層地傳了下來

「你覺得，這個夢在跟你說什麼？」

「**原來，我一直繼承著我爸媽的自卑感，也背負著我爸從小到大承擔的期望**，長成現在這個樣子。」

不管身為兒子、丈夫、爸爸，似乎，自己的爸爸一直都讓身邊的人失望：不能讓爺爺滿意、不能獲得成功、不能被手足與兒子尊敬，也不能保護自己的妻子。

看著爸爸沒有扮演好的角色，看著爸爸搞砸的人生，於是，明耀告訴自己千萬不能這樣；所以自己一定要贏，贏了才能擺脫這些，贏了才有資源，才能保護身邊重要的人。

現在的明耀才慢慢發現，原來，爸爸面對那些過高的期待與標準而做不到時，對他最失望的，不是爺爺，不是媽媽，不是身邊的所有人，而是爸爸他自己。

過高的期待落空後，失望也更加難以承受。

被壓垮的爸爸毫無招架之力，只好逃到酒精裡面，麻痺那種連「自己都看不起自己」的感覺。麻痺那些如影隨形、難以擺脫的羞愧感。

而這些標準、這些「做不好就是我不好」的羞愧感、「要贏、要聰明有能力才有價值」的信念……從爺爺開始，透過明耀的大伯、明耀的爸爸、明耀的哥哥……一層一層地傳了下來——

最後，留在明耀的身上，成為驅動他做每一件事情的動力。

我做很多事情，是因為「害怕」

「所以，你發現了，**非得要贏，可能不是來自於你本身的需要，而是繼承家族的期待**，或是想完成、超越爸爸沒有做到的事情，**甚至想要用這個方式，保護你身邊重要的人。**

「你的意思是，你很努力、花很多時間做的事情，這其中推動你的動力，似乎不是你真的想做，而是為了別人？」

聽了我的話，明耀愣了一會兒。

「對……我沒這麼想過，但你說得沒錯。現在我才發現，我做很多事情，不是來自於我想做，而是來自於『害怕』。」

於是才發現：原來，我做這些事情，從來不是真的為了自己。

「如果這些目標、這些事情，你沒做到，你怕什麼？」

「我怕，我在別人眼中，是一個沒有用的人，沒有資格活在世上，是個累贅、笑話。我害怕那些嘲笑、憐憫的眼光，那會讓我覺得，我自己很可憐、很悲哀。**當我這麼糟的時候，我也不能保護我媽……**

「就像我爸一樣。」

明耀眼眶開始有些水光。

他速速地朝上看，裝作若無其事。

只是，這從來都不是「沒什麼」的小事。

要靠「一直贏」才能好好活著的這些感覺、脆弱與恐懼，都必須獨力承受，是一件辛苦的事。

「說出這些害怕，真的很不容易。你現在似乎有一些情緒，也讓你很害怕？」

我看著他，輕輕地說。

「是不是因為，如果去碰觸這些情緒，你怕你會撐不住？因為**一直以來，你一直很努力，但也一直好孤單。**」

聽到我說的話，明耀突然把臉埋進手裡，身體強忍著情緒，抖動著。

「我只是很想要活下去而已……只是有時候，真的好累。」

於是，有些忍了很久的東西，突然就忍不住了；戴了很久的面具，突然就崩裂了。

那些冰冷的面具碎片，化作溫暖的水珠，一滴滴地，從明耀手中的縫隙，滴落在地上，也滴落在明耀的心上。

融化了內心的冰山，露出的，是明耀一直想保護的傷與脆弱。

也是我們身為一個人，最珍貴的真實感受。

而我們終於可以，對辛苦努力的自己，給出一點點的理解與心疼。

不想承認的渴求

・要「最好」的有用醫生

距離上次見面已有兩週的時間。這次，育仁和以前一樣，提早五分鐘到諮商室。他看起來有些累，似乎是從醫院下班後直接過來。

「我想問問你，我是怎麼回事？」

我一坐下來，育仁就開口了。

顯然，最近發生了一些事情，或許讓他開始對自己做一些探索，也讓他對自己變得更有興趣。

我微笑，點點頭，用表情鼓勵他繼續說下去。

「我和我們班的一個同學，也是我的好友在同科。以前我跟他，都被認為個性溫和、會被說好好先生的那種人。現在，他還是一樣優雅，但是我只要事情太多或不順利，就常常會『變身』。」育仁自嘲地笑了笑。

「特別是最近，我和他在工作上起了好幾次衝突。上次我們在廁所遇到，廁所裡只有我們。他猶豫了一下，過來跟我講話，第一句話就是：『欸，育仁，你最近是怎麼回事？』」

說到這裡，育仁看了我一眼，苦笑了一下。

為什麼我那麼努力，還是變得跟我爸一樣？

看得出來，接下來要說出的話，對於育仁有點難啟齒。

他用眼神尋求我的鼓勵。我點點頭。順著他的期待，鼓勵他，繼續往下說：「嗯，然後呢？」

「然後……我沒等他講完，就打斷他的話，說：『我怎樣？我哪有怎樣？你們丟一大堆事情給我，找我麻煩，讓我每天都忙得團團轉，然後再來怪我，說我是怎樣？所以都是我的錯就對了？』

「結果，我大吼大叫到一半，突然停下來了。」

我專注地看著他，聽他說。

「我看到旁邊鏡子裡，自己發脾氣的樣子，跟我爸好像。」

說到這裡，育仁勉強的笑容再也撐不住，突然哽咽，重複著說：「鏡子裡的我，看起來好可怕，跟我爸好像。怎麼會這樣？為什麼我那麼努力，還是變得跟我爸一樣……」

他停頓了。

「那一定讓你很難接受。」我看著他，陪著他。

育仁突然哭了出來。一開始忍耐著，沒多久，突然撐不住了，就像水壩潰堤一樣，也像個孩子，哭得十分無助。

對育仁來說，長久害怕自己會像爸爸一樣，可能會脾氣不好或暴力對待別人，這樣的恐懼與羞愧感，讓育仁努力當好好先生、控制自己的脾氣，努力做到父親要的標準，讓自己可以好好在父親手下存活；也提醒自己，更努力累積自己的能力，希望有一天可以脫離父親掌控的恐懼。

但是，走了許久、努力了許久，卻發現有些事情徒勞無功：那麼努力，自己卻還是和父親一樣，不能控制自己的脾氣，傷害了身邊重要的人。

過度努力

那是很深的「無力感」。

無力處理的「羞愧感」，讓我們開始責怪別人

而這個「無力感」被勾起的理由，除了跟自己當了總醫師之後，脾氣總是不好之外，或許還跟短時間內得面對大量的工作與需求有關。**習慣用「自己」去努力滿足別人的育仁**，在面對如此大量的需求，自己再也無法一一完成、讓別人滿意，身心極為耗竭；又感覺到別人的失望，育仁就對自己更加失望，對自己無法掌控生活一切的無力感，變得更深。

那些「無力感」所造成的自我懷疑、自我厭惡，覺得自己沒有用、沒有能力……勾起更深的「羞愧感」；而**當我們沒辦法處理這些羞愧感時，我們很可能會忍不住把這個羞愧感丟出去，丟到外在環境或其他人身上**——

我們可能會開始生氣，責怪他們，讓我們變成現在這樣，處在這樣無力、沒有用的境地裡面。

但就算我們「假裝」責怪別人，內心最深處，仍然懷疑：「是不是我沒有用，所以才沒辦法把這些事處理好？」

憤怒常拿來掩蓋羞愧感、失控感

只是，要面對這個想法是很不容易的。因為對於育仁來說，從小就要「每件事都要做到、做好，『做不到』就沒有用」，「自己要有用」就是他的生存策略；現在，事情太多、太難，使得育仁出現「是不是我沒用，才沒辦法把事情處理好」的這個想法，其所勾起的羞愧感與生存焦慮，實在太過巨大。

特別是，對現在的育仁來說，在如此競爭的環境裡，身為一個被期待要「全能」的醫生，更可能讓他，在面對因為自己能力限制而無法處理的各種不可控狀況下，感受到強烈的「失能」，於是覺得焦慮與羞愧。

對於很多人，特別是男性，面對如此強烈的失能與失控感，是一件很可怕的事情，可能會引發強烈的自卑與自我厭惡。只是，**很少有男性從小被教導、學會如何理解自己，並且學習排解、接納這樣的感受與情緒。**

因此，**這樣的焦慮、自我厭惡、羞愧……這些複雜的情緒交織在一起，最容易用一種情緒表達，那就是：**

憤怒。

特別是，如果這件事與「失能感」、「失控感」有關，「憤怒」是一種有力，甚至是可

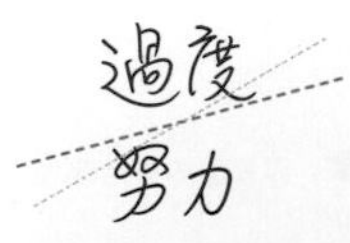

以「控制全場」的情緒，因此，最常被拿來使用、幫助掩蓋那些難以面對的複雜情緒，例如羞愧感、失控感等。

如果可以用「憤怒」而把事情怪到環境或是別人身上，對於某些人來說，更是一種有用的「防衛」。因為**那讓我們不用處理、面對自己的羞愧感，可以轉而責怪別人、要求別人。**

自己的感覺就會好一些。

所以，有的時候，那些對外責怪的憤怒，其實是因為內心有極大的、難以消化與承認的受挫或受傷。

「難道，我真的是個沒有能力、沒有用的人嗎？我真的那麼糟糕嗎？」

這個想法，實在是太可怕了，可怕得讓人無法吞嚥。若吞嚥下去，可能會癱瘓自己的人生。

我猜想，育仁，可能就是這樣的情況。

對自己最不滿意的，是自己

但，就算把無能感往外丟，讓自己可以去責怪別人，對於這樣的自己，育仁仍然是厭惡的；因為，也曾被爸爸的憤怒深深傷害過，身心靈都極為受創的他，對於自己做出和爸爸類似的事、讓別人受傷，他仍然無法原諒這樣的自己。

因此，育仁夾在「責怪自己」或「責怪別人」的兩邊搖擺。不管在哪一邊，他都不覺得自己是好的，也都無法接納這樣的自己。

所以，那些巨大、無法忍受的憤怒，與其說氣這個環境、氣別人；倒不如說，更氣自己沒有能力，不能輕鬆地把這些事情都處理好，每天笑臉迎人，成為一個大家都喜歡，也可以讓大家都舒服的人。

對育仁最不滿意的，不是別人，就是他自己。

他想逃離的，不只是這個環境，還包含在這個環境中不夠好、不夠完美、不夠讓大家開心又滿意的自己。

只是，要在這麼困難的環境中做到面面俱到、事事完美，那是多麼困難的要求。

「當你看到自己跟爸爸很像，一定覺得很難受，畢竟，你努力了那麼久，就是想要和他不一樣，想要活出你自己的人生，脫離他的掌握與影響。那是一種很深的挫折感，甚至有點無力吧？我猜。」

我看著他，他點點頭。

「只是，有沒有可能，你現在的憤怒，和你對自己的標準太高有關？」

「怎麼說？」育仁一臉困惑。

「你覺得，你是對誰憤怒？」

聽了我問這個問題，育仁皺皺眉。「我好像從來沒想過這個問題。」

沉默了一下，育仁開口了：

「我本來以為，我是對別人憤怒，覺得別人一直找我麻煩、自己很沒用；剛剛我想，還是，我是對這個環境憤怒？覺得醫療環境太差，那些行政體系都很官僚，不懂我們臨床第一線人員的痛苦，讓我們那麼血汗。」

育仁看著我，欲言又止。「不過……」

對自己最憤怒

我微笑地看著他，點點頭。

「不過，我發現，說不定我是對自己憤怒。」

育仁抬起頭，看向我。

「剛剛一想到這個……突然有種，好像什麼東西通了的感覺。那種一直持續的、很煩躁的憤怒感，好像就變低了。只是，我突然覺得很難過。」育仁慢慢地紅了眼眶。

「我不知道，為什麼我對自己憤怒，會讓我覺得難過？」

我不說話，陪著他留在這個情緒裡。

過了一會兒，我察覺到他表情又有一些變化，於是，我問：

「現在的你，感覺到什麼嗎？」

「我覺得好難過……為什麼我不能再有用一點？不能什麼都做得到？為什麼我讓別人失望……」育仁低著頭。「為什麼我不能再努力一點？為什麼我不夠完美？」

那些平常出現在他心裡、對他呢喃的聲音，終於被他發現了。**發現這個聲音對他的要求，對他的懷疑與責備。**

「原來我是對我自己生氣。我好氣我做不到，發現『我做不到』這件事，又讓我難過。」

育仁紅了眼眶，眼淚慢慢往下滴。

「你覺得，你的眼淚在訴說什麼？」我輕輕地問。

「我不知道……我覺得自己沒用，好丟臉……可是，又覺得自己好可憐。」育仁摀住臉，聲音從指縫中努力地透出來。「我……我已經很努力了，為什麼還是不夠？」

「這句話，你是講給誰聽的？」

「爸爸，」育仁不加思索地先丟出這個答案，然後停了會兒，「還有……我自己。」

我已經好努力了，為什麼還是不夠？
可是，我已經好累、好累了。

看到現在的育仁，我有個想法。

我搬了兩張小凳子，請育仁選一張代表爸爸，還有一張代表他的椅子。選好之後，我請育仁決定，要把「代表爸爸的椅子」和「代表他的椅子」，放在房間的什麼位置。

育仁把「代表爸爸的椅子」放到了門口，把「代表他自己的椅子」，放到離我比較近的地方。大概是五步的距離。

我請育仁坐在代表他的椅子上，感覺一下。

「距離爸爸這麼遠，感覺怎麼樣？」

「很安全。」育仁說。

「從這個距離看爸爸，爸爸看起來怎麼樣？」

「可能沒這麼兇，他隨時隨地都要看起來很『好』的樣子，因為他是校長。」育仁輕輕地說。「所以，他的兒子也要很好，才配得上他。」

「配得上他，是什麼意思呢？」我感覺到，現在的育仁跟平常的他不太一樣，似乎變成年紀比較小的樣子。

「不會讓他丟臉，他才會喜歡我。」育仁熱淚盈眶。

「你很希望爸爸喜歡你嗎？」我輕輕地問。

育仁點點頭。「我記得，以前我很喜歡看飛機。爸爸假日的時候，都會特地帶著我，去機場看飛機。那時候，只有我和爸爸，爸爸還會順便帶我去吃冰，然後說這是『男人間的時光』。」育仁笑了，笑得天真無邪。

我第一次看到他這樣的笑容。

「那時候，你幾歲？」

「我五歲。」

「那你現在幾歲？」我蹲了下來，看著坐在小凳子上的育仁。

他愣了一下，想了想。「九歲吧。」育仁又紅了眼眶。

爸爸的懲罰

「這時，你和爸爸發生了什麼事嗎？」

「我第一次考試沒有考滿分，爸爸拿書砸我，還把我關在沒有開燈的小房間裡，要我反省。」育仁開始一直哭、一直哭。「好可怕，沒有人來救我。」

「那你怎麼辦？你後來怎麼撐過來？」

「我就一直跟自己說，我不怕，我不怕，下次考試考好就好了，就不會發生這種事了。」育仁一直掉淚。「可是我還是好怕，而且好難過。」

「很難過什麼？」

「為什麼爸爸會這麼對我？他不是最喜歡我嗎？」育仁開始不停地哭。「為什麼？為什麼你要這麼傷害我？」

因為太痛，只好關閉自己的感受

那些原本的孺慕之情，最愛的人，變成傷害自己最深、讓自己最為恐懼的人；內心的安全城堡崩塌了，對人的信任也不見了，而剩下的，只是對人與自我的懷疑。

因為太痛，只好關閉自己的感受。

當育仁情緒慢慢平靜下來，我問了他：「你覺得，當你對爸爸這麼說，他會怎麼回答你？」

「他可能會說，我是為你好。如果我不嚴格，你以後就會沒有用。」育仁嘆了口氣。

「你同意嗎？」我感覺到，現在的育仁似乎年紀又大了一些。

「我不同意。」育仁搖搖頭。

「這時候，你開始對爸爸的想法懷疑、覺得不同意。所以，現在的你幾歲？」

育仁愣了一下，偏著頭，想了想。「大概高中吧。」

「你長大了，有自己的想法了。這時候的你，已經不是任爸爸決定、宰割，也開始有保護自己的力量了，對嗎？」我看著育仁。育仁點點頭。

「你願不願意把椅子拉近一點，讓你想表達的話，更清楚地說給爸爸聽？」

育仁站起身，把椅子拉近一至兩步，位置大概是剛剛距離的中間。

「在這裡看爸爸，爸爸看起來是什麼樣子？」

「很唯我獨尊，覺得自己什麼都是對的。只是，好像也有點寂寞。」育仁看著空椅，突然不說話。

「你想到什麼了嗎？」

「有一次，我半夜起來上廁所，經過客廳的時候，看到爸爸在看影片，影片裡是我大概一兩歲的時候。」

我靜靜地看著育仁，點點頭，沒有說話。

「我覺得很奇怪，可是，也覺得心有點酸酸的。」育仁的表情有些生氣，聲音卻有些哽咽。

「那天白天，我們為了我要選第二類組、還是第三類組，起了很大的衝突。我對他吼：『這麼想當醫生，不會自己去念喔！』然後，他就衝過來重重打我一巴掌，我跟他差點打起來。

「然後我就跟他說，當你的小孩真倒霉。」育仁突然笑了。「結果當天半夜他就看影片懷念小時候的我？這狀況好像有點荒謬。」

「怎麼說？」

「他沒辦法好好跟現在的我相處，他就只喜歡那個會聽他話，一天到晚黏著他叫『把拔、把拔』的我嗎？」育仁有點咬牙切齒。

「說不定，**他懷念的也是那時候的自己吧！可以跟你毫無壓力的相處，只希望你身體健康，而沒有對你有任何期待。**」我輕輕地說。

育仁聽了我的話，不發一語。

為什麼爸爸不能肯定我？

「你有什麼話想對他說嗎？」

「我想說，你能不能尊重我的選擇？不要一直說，不成功就沒有用？」育仁聲音有點哽咽。

「你現在說的話真的好重要。你願不願意再把椅子拉近一點？更近一點，說給爸爸聽？他會聽得更清楚。」

育仁遲疑了一下。他緩緩站起身，慢慢地把自己的椅子，拉到距離爸爸的椅子大概一步的位置，然後，坐下來。

「你覺得，現在你幾歲？」

「就是我現在的年紀了。」

「現在的你，長大了，有自己的謀生能力，而且在很多事情上做得很好，判斷力跟能力也不輸給爸爸，甚至你懂得更多。現在的爸爸，看起來如何？」

育仁看了看，嘆了一口氣。「很希望我們尊敬他，把自己弄得好像很強壯的樣子，可是，真的很寂寞吧？他不懂我們，我們也不想懂他。」

「你覺得，他是怎麼看你的？」

「老實說，可能是引以為傲，他常常跟別人提我的事情。只是，他很害怕肯定我，我就會不努力，所以，他不想肯定我。」

「你呢？現在的你，同意他的想法嗎？」我特別強調了「現在」兩個字。

育仁想了想，抬起頭。「不，我不同意。**如果他願意肯定我，我會做得更好。**」

我前面的人生，幾乎都是為了你

「那你要試著跟爸爸說看看嗎？」

育仁看著空椅，眼神變得堅定。「我覺得，**你一直打擊我，不是讓我進步，反而讓我覺得你不愛我；你一直挑剔我，會讓我感覺，好像要完美，我才夠資格當你的兒子。**」

育仁開始哽咽。

「可是，我沒有對不起你，我非常努力。我前面的人生，幾乎都是為了你。」育仁開始哭。

「我真的好累、好累，你不能就好好肯定我，跟我說，我已經做得很好了嗎？」

我在旁邊，也忍不住紅了眼眶。

「育仁，你也看到，你有多辛苦、多努力了。你願不願意坐到爸爸的椅子上，想像一下，如果，你是育仁的爸爸，對於這麼努力想要獲得自己肯定的育仁，你會想跟他說什麼？」

育仁有些猶疑，他站起身，坐在代表爸爸的椅子上。「所以，是要我變成我爸，想我爸的想法嗎？」

「現在，你不用想你爸怎麼想。而是想著，如果，你是育仁的爸爸，依照你的個性，對這麼努力的育仁，你會說些什麼？」

育仁頓了一下，他看著代表自己的空椅出神。

過度
努力

然後，他說話了：

「你做得很好，你很努力。你可以不用把自己逼得那麼緊。」育仁開始哽咽。「因為，在我眼中，你真的很好。」

「你看著育仁這麼努力，想要爭取你的認同，會不會很心疼？」

「會，我看了很心疼。你不要再那麼辛苦了，這是你的人生，做你自己就好。」

育仁說完這段話，淚流滿面。

你和爸爸不一樣

「育仁，你有聽到你剛剛對自己說的話嗎？」我忍著淚，問著。

育仁點點頭。

「和你爸爸對你說的話，會是一樣的嗎？」

育仁笑了。「不會，他一定還是會說，強中自有強中手，不努力就等著被淘汰。我接受現在的你，就會讓你失敗。」

「所以，你發現了嗎？這，就是你和你爸爸的不同。你們不會是一樣的人。」我看著他。

「你願意承認，也願意愛自己的脆弱與恐懼，願意嘗試愛自己的全部；你有自己的想法與標準，不是只擔心別人對你的看法。即使爸爸傷害了你，你還是想讓他瞭解你，還是想要接近他、愛他……**你，是個非常勇敢的人**。

「只是，**要記得把『這個自己』召喚出來，站在你自己的這一邊**。好好照顧、保護自己，不要被爸爸嚴苛的聲音打倒。」

●●●

育仁，那個一直渴望父親的愛的孩子，縮起身子，環抱著自己，淚流滿面。

那是內心渴望被承認、努力與辛苦終於被自己看見的眼淚。

為了你，我變成你要的樣子

難以碰觸的傷口

・戴著面具的小木偶

「我這次諮商完回去，跟我媽吵了很大一架。」一坐下來，美惠就說了這件事，開始笑。「真的是很大一架。我從小到大，沒有這樣跟她吵架、頂嘴過。」

「發生什麼事了？」

我永遠都是你多的那個小孩

「連假我找了一天回家，姊姊跟弟弟都沒有回去。吃飯的時候，我媽照例，又開始嫌東嫌西。嫌我頭髮太短、穿得太像男生，看起來『不男不女』，又念說，我都只顧自己好，沒有關心弟弟，不知道弟弟現在生活得怎麼樣，也沒有主動打電話問姊姊怎麼不回家。我爸也照例，在旁邊放空。

「我知道她是遷怒。她是因為其他人沒回家不開心，所以把氣出在我身上。她怕打電話給他們也沒有用，所以想要用這種方式叫我去做。

「平常我會覺得很不耐煩，但是我可以忍得住，就是把耳朵關掉。老師，你知道吧？」美惠笑著對我說。我點點頭。

「只要把耳朵關掉，忍過這一段就好。有的時候，我還真的會按照她的期待，雖然不願意，但還是會打電話給弟弟跟姊姊。可是那天，不知道為什麼，我就是突然覺得受不了，就在餐桌上爆發了。」

美惠停了下來，看向我。

我也看著他，很認真地聽。「你說了什麼？」

「我對我媽大吼。我說，你永遠只在意你的那兩個小孩，在意他們有沒有回家，有沒有吃飽、穿暖，我永遠都是你多的那個小孩，你一點都不喜歡我、不想要我。只不過是因為我對你還有用，所以你現在只好依賴我。」

美惠一邊說，眼淚開始一滴滴往下掉。

「我知道我講的話很重，只是我忍不住。我把我一直想講的、放在心裡的話，忍不住都說了出來。」

我看著他，點點頭。

這些話，是美惠一直以來的苦痛。要說出來，真的很不容易。

我猜，對美惠來說，對著媽媽說出來這件事，除了憤怒、覺得自己被虧待之外，隱隱可能也有一種心情：

我好希望，你告訴我不是這樣。

「說出這些話，對你一定很不容易。」

美惠點點頭。「我吼完之後，我媽不出我意料地，嘟囔個幾句，就突然離開飯桌，進了房間，結果只剩我爸跟我。」

美惠突然開始搓手，似乎有些緊張的樣子。

「我跟我爸還坐在飯桌旁，我有點尷尬，本來想離開。不過，我爸他居然，突然對著我說話了。」美惠笑了，感覺他也有點驚訝。

「我爸對我說，年輕的時候，媽媽的確是很辛苦。因為他一直忙於工作，媽媽也有自己的工作，但她還要照顧我們跟她的婆婆，也就是我們的奶奶。

「奶奶身體雖然健康，但不是個好相處的人，一直有『要生兒子傳宗接代』的觀念，所以當我媽生了我姊，又生了我，那時候，常常受到我奶奶的冷嘲熱諷。

「爸爸對我說，他知道媽媽不是脾氣很好，有時候對我也不太公平，只是，可能是因為她壓力太大，而我又太乖，不吵不鬧，所以，她對我會比較嚴厲一點，但不是不在意我。」

爸爸仍是在意我的

講到這裡，美惠一邊眼眶泛淚，一邊笑：

「你很難想像，我聽到我爸說這些話有多驚訝。因為，我爸是省話一哥耶！我老是覺得，他工作大概很累，因為他回家都在放空，從來不介入我們跟媽媽的紛爭。我以為，他什麼都不知道，假裝看不到或不在意。我沒想到，他有在觀察，而且，他跟我說這些。」

美惠開始掉淚。

「所以，你沒想到，他真的在意你的心情，才告訴你這些，想要安慰你。」我把美惠沒說出口的話說完。美惠點點頭。「那你呢？聽完感覺怎麼樣？」

「其實，一開始，看到我媽又逃避、進房間，我是很失望的。雖然我對她很生氣，但其實，我大概也很期待，她可以對我大吼說，不是我想的這樣，是我誤會了，她很在意我。」

「雖然理智上，我也知道這個狀況不可能啦！如果我媽突然這樣講，我也會想說，她今天怎麼這麼奇怪之類的。」美惠自嘲地笑笑。

「不過，我很意外我爸跟我說這些話。我以為，對我爸來說，我更像是隱形人。所以，我有點感動。」美惠笑了笑。「然後，我就鼓起勇氣問我爸說，他也覺得我很乖嗎？」

爸爸心疼著你的懂事

我眼睛一亮，問爸爸對自己的看法，這對美惠來說，簡直就是不可能的任務。「然後呢？」

「我爸竟然回答我說，你很乖啊，從小就是。他說：『我常覺得你媽對你太嚴格了，有些真的是很小的事，所以我偶爾私下會勸你媽。平常我也不想要求你，因為，你會很認真地去做。那樣，你太累了。』」

說到這裡，美惠又哭又笑。「我從來不知道，我爸一直覺得我很乖。聽起來，他好像很滿意我耶！」

「也很心疼你，心疼你總把大人的話，放在心上，很努力地去達成他們的期待，讓小小的你，變得很辛苦吧。」我輕輕地說。「爸爸，好像很心疼你的懂事。」

我已經做很多，已經夠了

美惠開始一直掉淚。「對，所以他說，他不想再要求我。他跟我說，我長大了，會有自己的生活，想關心爸媽當然很好，媽媽也會有她的期待，但是，**我要學會判斷哪些我可以做或不能做，不要通通承擔。**」

說到這，美惠抬起頭看我。

「你知道嗎？我爸居然說，媽媽跟姊姊、弟弟的事，是他們要自己面對處理的，而不是我該承擔的。他說，我已經做很多，已經夠了。」

「你聽了爸爸說的話，感覺怎麼樣？」

「剛聽完，我當然鬆了一口氣，也真的很感動爸爸願意對我說那麼多。我可以感覺到，他想跟我說，我不用再這麼努力，只為了得到他們的肯定。

「只是，後來我不停地想，我真的可以什麼都不管嗎？我不知道。想到這件事，我覺得有點不安。」

美惠又露出他的招牌苦笑。

無法拋下的不安與罪惡感

「你感覺一下，那個不安，是什麼？」

美惠停了一下，看似在思索。

「我覺得，好像有點罪惡感……然後，不知道為什麼，我剛閃過一個想法。」

「什麼想法？」

美惠看著我，沒有說話。

過了一會兒，他說出內心真正的恐懼：

「我在想，什麼都不做的我，對媽媽來說，是不是就沒有用了？就更容易被拋棄？」

眼前的美惠，變得好小好小，讓人心疼。

雖然爸爸給美惠很多的肯定，但美惠對於媽媽的看法仍非常在意；甚至，把他認為媽媽看他的樣子，根深蒂固地存在心裡，變成他看自己的一部分：

永遠覺得自己不夠好，隨時會因為「不夠有用」而被拋棄。

這種「有條件的愛」的理解，讓孩子沒有辦法相信，真正的自己是可以被接納、被重視，是值得珍惜的；孩子處在「遺棄恐懼」裡，於是相信做自己、不聽話，就會被拋棄。

重新鬆動美惠的自我形象，也就是對自己的看法，是很重要的。

我想試試看。

媽媽看他的樣子，就像一團揉皺的衛生紙

「美惠，如果在這個諮商室，要選兩樣東西，來代替『你認為媽媽看你的樣子』，和『爸爸看你的樣子』，你會選什麼？」

美惠歪頭，想了一下。

選「他認為媽媽看他的樣子」，很快就選好了，是一團揉皺的衛生紙。

選「爸爸看他的樣子」，他逡巡了一圈，在一個小水晶擺飾上駐足了一會兒，但沒有選擇，又走回來。

「我不知道，『爸爸看我的樣子』要選什麼。」

美惠再次露出他的招牌苦笑。

「我剛剛看到，你好像在那個擺飾前面停了一會兒？」

我慢慢地說出我的觀察。

習慣性的自我批判與自我懷疑

對美惠來說，爸爸對他的欣賞與肯定，是他很少有的經驗，非常珍貴，卻也很難消化。一直以來，總覺得自己不夠好、是多餘的；但是，突然被重要的爸爸說，自己是好的、很努力的。

這兩個自我形象的衝突，讓美惠很難馬上接受，自己可能是「好的」；也就是說，過去對自己的想像，想像自己在別人眼中的樣子「不夠好」，可能不是真的。

在水晶擺飾前的駐足，或許就是內心這兩種自我形象的掙扎與衝突。想要選，但害怕太過相信爸爸說的，結果發現，其實自己根本沒那麼好。

那會讓自己覺得更加失望，更加羞愧。

「嗯，不過，我不敢選。」意外的是，美惠坦率地承認了。

「怎麼說？」

「我怕我誤會我爸的意思。他其實沒覺得我這麼好。」美惠又苦笑了一下。

「爸爸對你說的那段話，對你很重要嗎？」我問。美惠點點頭。

「你覺得，爸爸對你說出這番話，對他是很容易的事嗎？他是會很隨便就說出這種話的人嗎？」

想了一下，美惠搖頭。

「如果這番話對你那麼重要，對他來說，說出來又那麼難。那麼，你那麼快地懷疑或不相信這番話，是不是對你、對爸爸，都有點殘忍？」

我輕輕地說出美惠習慣性的自我批判與自我懷疑。

一直以來，心裡的傷

坐在沙發上，美惠又紅了眼眶。

過了一兩分鐘後，美惠站起身，拿了那個水晶擺飾過來，然後對我害羞地笑笑。

我知道，做這個舉動，對美惠來說，是非常重要的象徵。

那代表，他願意相信，自己其實是美好的、有價值的。

「所以，揉皺的衛生紙，是你覺得媽媽看你的樣子？」我詢問美惠。他點點頭。

「對。因為是用過的，但還沒有髒，丟掉很可惜，會想拿來用。但是，**是沒人想要的東西。**」

說到這裡，美惠開始一直掉淚。

那是他一直以來心裡的傷。

「看著這團揉皺的衛生紙，好像讓你有很多情緒？」

「我覺得它好可憐。它奉獻了自己，卻被人覺得沒有用，不被珍惜。」美惠一直哭。

「那爸爸看你的樣子呢？」我指了指旁邊的水晶擺飾。

「爸爸覺得我很好，覺得我應該要照顧好自己，把生活過好，找到自己的目標，發光發亮。」美惠有點猶豫。「只是，我不知道我做不做得到。我也有點懷疑，我真的這麼好嗎？」

自己是包著衛生紙的水晶擺飾？

「那如果，我問『你看自己的樣子』，你會選什麼東西替代？」

聽了我的問題，美惠站起身，看了一圈房間的擺飾。然後，他坐下來。

他看著眼前的衛生紙與水晶擺飾，默默地、專心地把揉皺的衛生紙鋪平，把水晶擺飾放到衛生紙的中間，然後包起來。

包好之後。他停下來，看著我。

「這是你現在看自己的樣子嗎？」我問。他點點頭。

我請美惠拿起這個包著衛生紙的水晶擺飾。

「現在你有什麼感受，你想要試著說說看嗎？」

美惠遲疑地開了口：「我一直以為，我就是那個衛生紙。但是，爸爸跟我說，我是很好的。我才知道，他看我，是好的，是可以做到很多事情的。」

「這對你有什麼影響？」

「我本來以為，我是沒有價值的；如果做我自己，我不會被任何人接納，所以**我得一直當一張很有用的衛生紙**，一直讓別人用。」美惠開始一直哭。「可是我現在才知道，我不是這麼沒價值的。」

過度
努力

「拿著它，你覺得怎麼樣？」

「我覺得很重。」

「嗯，你不是像衛生紙一樣，輕輕的；你是很有重量的，特別是在一些覺得你很重要的人的心裡。感覺到了嗎？」美惠點點頭，緊緊握住手中的自己。

「現在的你，也覺得自己很重要嗎？」我問著美惠。

美惠一邊掉淚，一邊點頭。

「那你願不願意，把那個從別人身上繼承來的『衛生紙形象』給撥走？打開它，讓那個閃閃發亮、很珍貴重要的自己，可以露出來，可以讓你自己、讓別人看到？」

美惠一邊流淚，一邊打開手掌，看著剛剛緊握住的自己。

衛生紙已經被淚水濡濕，破裂了，露出水晶擺飾的一角。

這個景象，似乎更觸動了美惠。他掉了更多的淚，落在衛生紙上。水晶擺飾的形狀，也越來越明顯。

他看著手中的自己，停了許久。然後，就像下了個決定一般，美惠突然做了一個動作，他把水晶擺飾外面的衛生紙，慢慢地掀了開來。

然後，他緊緊握住水晶擺飾。

沒有再說一句話。

要接納、相信真正的自己是有價值的，重點或許不是在別人；而是，**我們願不願意，給自己勇氣，為了自己而相信。**

願意相信：**這，才是自己真正的樣子。**

承認傷口，才有機會長大

・失去靈魂的購物公主

「我上次回去之後，覺得情緒變得有點多。」品萱有點緊張地，一坐下就先對我說了這段開場白。「很不習慣。」

我點點頭。「有發生什麼事嗎？」

這在開始諮商時很常見。平常關閉的感覺打開了，很多情感都開始流動，因為和平常的自己不一樣，所以會感覺到有些不習慣或不舒服。

「其實沒有那麼糟……我只是覺得，好像感受變得比較靈敏，甚至比較會覺得累、覺得餓。」品萱笑了笑。「我之前都不太會肚子餓，也不太會累，生活沒什麼感覺……現在，好像變了一個人。

「不過，最近發生一件事，我印象很深刻。」

現在的我，好像覺得可以快樂起來

「在我每天要去上班的路上，會經過一座公園。那天天氣很好，陽光灑下來，一陣風吹過來，我聽到樹葉跟著風，沙沙的聲音，風吹過我的臉。我看著這一幕，突然覺得好感動。」

品萱一邊說，一邊露出一個看起來很幸福的微笑。「這是我從來沒有過的感覺。我不知道，原來這樣就可以很幸福。」

「現在的我，好像變得比較可以快樂起來。」品萱突然眼眶一紅，拿了一張衛生紙，壓了壓眼睛。

「上次諮商完，有一種卸除一些重擔的感覺。我也感覺自己變得有點不一樣。不過，回家跟爸媽一互動，之前的那些習慣，還有那種被壓迫、必須要聽話的感覺，還是很強烈。」

「你要說說看那些感覺嗎？或是說，發生了什麼事，讓你有這些感覺？」

「就還是會聽到他們嫌東嫌西的吧！聽他們嫌哥哥現在做的工作不好、要怎麼結婚；嫌我現在常常很晚回家，交了男友就不要父母了。還有就是，他們不停吵架，一點小事就會吵起來。」品萱嘆口氣。「這件事情特別讓我煩躁，只要他們一吵架，我就會覺得很煩。」

「很煩？那是什麼感覺啊？」

我試著想陪品萱把一大團的感覺稍稍梳理，讓她可以更瞭解自己的情緒。

「就想說你們夠了吧？為什麼要這樣一直吵架？我爸很容易脾氣不好，一點小事就生氣，然後，我媽也會很生氣，跟他對吵，可是又很委屈的樣子。」

說到這裡，品萱做了一個皺眉的表情，一閃而逝，身體也跟著縮了一下。

對媽媽充滿罪惡感，也心疼媽媽

我注意到這個表情與肢體動作。對於品萱來說，媽媽的反應，似乎非常影響她。

「品萱，剛剛你提到媽媽看起來很生氣、又很委屈的樣子，好像有些情緒？」我試著探問。

品萱停了一下，表情有點凝重，然後慢慢地，她開始紅了眼眶。「對，我好像有點情緒，但是我搞不清楚是什麼，而且我不知道為什麼想哭。」

「你覺得，媽媽常常很委屈嗎？」我輕輕地問。

品萱點點頭，眼淚一滴滴掉在她的胸前。

我感覺到，品萱對於媽媽的委屈，似乎有很大的情緒。

「媽媽是為了誰委屈？」我慢慢地問出這個問題。

品萱低著頭，掉淚的速度越來越快。

「我覺得，是為了我。是因為我，媽媽才不能離開，她其實可以不用忍受這些，是因為我的緣故，所以她留下來。」

那是充滿罪惡感與心疼媽媽的眼淚。

媽媽為了小孩，放棄自己的人生

「你願意再多說一點嗎？」我看著她。

「媽媽當初其實可以做自己的。她可以丟下我們，不用在這個家，忍受爸爸的脾氣。那時候，她還那麼年輕，而且她一直說，她很想繼續念書，可是因為有了我們，爸爸也還在念研究所，所以她就沒辦法，因為我們需要人照顧。

「當時她選擇了我們，她沒有那麼自私。所以，我應該要聽話一點，讓她的人生可以順遂一些，爸爸跟她也會比較少吵架，至少，不會為了我吵架。因為爸爸都會把我們乖不乖

過度
努力

的責任，丟到媽媽身上。」品萱像個孩子一樣，用手背擦著眼淚。

我推了推衛生紙盒。她對我感激地笑笑，抽了一張過去。

對品萱來說，媽媽為了小孩，放棄了自己的人生，似乎也影響品萱做出「一定要聽話」的決定，而且很難鬆動。

那背後似乎還有一個更重要的意義，影響著品萱。

把媽媽的感受放在第一位

「聽你這麼說，好像你覺得，那時候的媽媽，沒有選擇『做自己』，沒有那麼『自私』。」我回想剛剛品萱說的話，斟酌使用著她用過的字詞。「所以，你覺得，如果『做自己』，按照自己的想法做事，滿足自己的需求，就是『自私』嗎？」

「對。」品萱不加思索地回答。

「如果這麼做，會怎麼樣？」我看著她。

「會造成很多人的困擾，家庭會破裂。而且，我會對不起媽媽。」品萱開始一直掉淚。「她已經為了我，犧牲她的人生，我怎麼可以這麼自私？怎麼可以不聽話？會不會因為我不聽話，她會很難過，就會覺得她以前的付出都沒有意義？」

「所以你覺得，如果你不聽話，會讓她認為你不夠在乎她，甚至不愛她嗎？」我看著品萱，慢慢地問出這個問題。

品萱呆了一下。

「我沒想過這個問題。不過，你這麼一說，我覺得好像是這樣。」

「難怪你總是那麼在意他們吵架。因為，你把媽媽的感受放在第一位，你怕媽媽如果不開心，或是很難過，」我輕輕地說，「說不定，還會決定要離開？」

品萱低著頭，邊掉淚，邊點頭。

我怕我讓你覺得你不夠重要，所以我努力把你放在我生命最重要的位置，獻出我的靈魂，空出我自身的感受與需求，讓我成為只裝載你情緒的容器，用我的人生讓你滿意。

走著、走著，我忘記我自己的樣子，而靈魂與感受，也不知道丟失到哪裡去了。

當我要把這些生命中重要的事物，拿回我身上時，我卻覺得有點害怕。如果我開始有自己的感受、想法、需求，拿回我自己的靈魂與生活的重心，再也不是奉獻給你時，你是否會覺得我自私？你是否會覺得自己不重要？你會不會受傷？

會不會因為這樣，你會對我失望，決定要放棄這段關係？

「所以，你覺得『做自己』是自私的嗎？」

「是。」品萱不加思索地回答。

「我知道你會告訴我的正確答案是什麼，我也知道父母跟孩子應該是獨立的。但是，我就是沒有辦法，沒辦法不考慮媽媽的心情、爸爸的喜好，只做自己。」品萱抬頭，看著我。「老實說，我很羨慕哥哥，但是我也很氣他。因為他這麼做自己，所以我沒有選擇，我只能待在家裡安撫父母。我知道這是我的選擇，但我就是**不甘心**。」

哥哥拋下了我

第一次，品萱的憤怒這麼明顯。這對品萱是很重要的，因為這股憤怒，有機會能夠讓她更瞭解自己內心的感受與想法。

「不甘心？什麼讓你不甘心？」

「我不甘心他這麼不在乎，不甘心他不幫忙，不甘心我只能用這種方法留下媽媽。不甘心我這麼的擔心害怕，而爸爸跟哥哥都無所謂。」品萱說得越來越快，也越來越大聲。

「還有……」

她開了個頭，但沒有繼續說下去。

「還有？」

「還有，我不甘心我這麼努力，媽媽都沒有看見，她最擔心跟在意的，還是哥哥。」品萱咬著唇。「所以，我覺得做自己，很自私，也很狡猾。」

「狡猾？怎麼說？」

「他可以做自己想做的事，還是可以被在意，而且……他就這樣離開家裡，什麼都不管，拋下了我。」

我很乖，是因為媽媽；
但媽媽最擔心與在意的，卻是那個讓她最煩惱的小孩。

原本應該跟自己站在同一陣線，一起留下媽媽的哥哥，卻為了做自己，丟下了家，也丟下了品萱，讓她獨自面對這一切。

那些「沒辦法」的無力感、感覺「自己這麼努力，卻沒有得到自己想要的關注」的失落感，以及「被哥哥拋下」的被背叛感，讓品萱感到受傷，以致憤怒。

「結果，似乎只剩下你擔心這個家，所以你努力符合父母的需求，希望能夠讓他們『在一起』不吵架，但你覺得哥哥不幫你，他只做自己想做的事；而爸爸也是，一直跟媽媽吵架、挑剔媽媽，像是想把媽媽推走一樣。」

我試著描述品萱的擔心。

「好像這個家只靠你維繫著。如果連你都撒手不管，這個家說不定就會分崩離析，但是大家好像都不擔心，只有你一直在意，所以你很辛苦，也很生氣。」

「我也想要做自己啊！那大家都這樣的話，這個家怎麼辦？」

品萱突然大聲地說出來。

真正的害怕，或許就是：品萱認為「做自己」就是「自私」，而「自私」會破壞目前家裡的表面和平、會傷害關係，會讓家裡出現衝突而可能撕裂……

所以，「不能自私」。

媽媽「沒有自私」，她留了下來，所以家裡維持原狀；

哥哥自私，所以父母總為了哥哥吵架；

爸爸有點自私，一直挑剔媽媽，所以也讓家裡的關係搖搖欲墜。

如果連一直是乖孩子的我，都自私地做自己，那，這個家會變成什麼樣子？

不敢當「不聽話的孩子」

那些恐懼與罪惡感，讓品萱不想，也不敢當「不聽話的孩子」。

而這可能是之前她沒有發現的部分。

「我很意外，原來我自己這麼想的。」說完這些話的品萱，若有所思地望向我。

「我也是第一次聽你說出這些話，你現在感覺怎麼樣？」

「雖然心情很複雜，但是，心好像比較輕鬆。」品萱抬頭看我。「你覺得，我可以回去跟家人講我的想法嗎？」

第一次，我聽到品萱主動想跟家人表達自己。對她來說，這是一個很不容易，也很勇敢的決定。

「當然。你想先找誰談呢？」

品萱想了想。「我原本以為是媽媽，但我想先去找哥哥談。我想知道，當他做出離開家裡、追尋自己目標的決定，他有想過家裡嗎？有想過我嗎？」

「我在猜，你一定很喜歡哥哥吧？當他決定要搬離開家裡，要念自己想念的科系的時候，你是否很難過？」我感受到她對哥哥的感情，輕輕地問。

聽到這裡，品萱的眼眶紅了。

我以為哥哥會一直保護我

「我都忘記了……我小時候最喜歡哥哥。雖然我很愛哭又愛跟，但我的哥哥和別人的哥哥不一樣，他不會嫌我，他會一直讓我跟著，而且他和我念同所小學時，都會跟別人說，這是我妹，你們如果欺負她，我就揍你們。」品萱笑了。

「從小哥哥就保護我、很關心我，所以，我以為他會一直保護我。沒想到，後來他就搬離開家裡了，什麼都沒跟我說。」

品萱開始掉淚。

「所以，哥哥搬離家裡後，都沒跟你聯絡嗎？」

品萱想了想。「其實也不是，哥哥有試著跟我聯繫幾次。我現在想起來，好像不是他不跟我聯絡，而是我對他很冷淡。」品萱苦笑了一下。「我現在才知道，大概是我在生他的氣吧。」

「不過我發現，我似乎也太依賴他了。我從來沒有問過，為什麼他要做這樣的決定？是不是，他也有很多難處？而我沒有關心他，沒有注意到？」

「全有全無」的心態

在當孩子的時候，我們很容易會掉入「全有全無」的心態：

我們發現這個人符合我們內心深層的需求與期待，於是「理想化」對方，覺得對方會保護我、無條件地愛我、接納我，不會離開我。

但當對方有自己的需求、有自己的選擇，變成不符合我們期待的樣子，我們的理想破滅；對他的憤怒，可能排山倒海：

覺得他背叛了我們，覺得他很自私、很可惡。

但**長大的過程，就是分辨：**

原來，對這些人形象的賦予，都是我們的投射。對方就是人，他有符合我們期待的部分，當然也有不符合的部分。

但**他活在這個世界上，不是為了符合我們的期待，而是為了他自己。**

當我們不只滿足於如孩子般單方面被照顧、被理解與被接納的位置，還願意同樣地去理解、接納與照顧對方，願意「如他所是」地瞭解對方；

當我們願意把自己該負的責任拿回來，不再僅是期待別人的拯救與保護，而是開始學著照顧、保護自己，並且勇敢地為自己的人生、主動做選擇與決定時——

我們的心，終於不再只是停在「受傷孩子」的階段，而是勇敢地往「成人」的路上邁進。

我們，也將找回自己真正的樣貌。

承認脆弱

我能讓你看到「不夠好」的自己嗎？

・不能犯錯的怡琪

這次見到怡琪，她看起來似乎跟之前有些不一樣。

不知道是否因為約在秋日午後，陽光輕輕照在她的身上，人感覺變得有些慵懶放鬆；平日因焦慮而糾結的眉頭，也舒展開來。

整個人有鬆開的感覺。

「哈囉，你看起來感覺不太一樣。」我坐下來，跟她打個招呼。

「好的不一樣，還是不好的？」她笑了，和我開著玩笑。臉上有些俏皮，是之前我沒看過的表情。

「是感覺『什麼鬆掉了』的不一樣。」我也笑了。

「大概是因為，我最近終於放了假，跟我的高中好友們一起去宜蘭，三天兩夜放空小旅行，發生了一些事，這也是我今天想找你談的原因。」

我點點頭，專心聽著她說。

聽見自己在朋友眼中的模樣

這次小旅行是她的高中好友提議。怡琪的確很久沒有見到她們，加上最近對工作有些倦怠，於是難得答應了去旅行的行程。

旅行的過程中，怡琪很習慣考慮所有人的需求、照顧大家，也會因為某人的一句話而想太多，或是擔心自己是否做錯或說錯了什麼，把自己忙得團團轉。

其中有個朋友，看怡琪的樣子，忍不住說：「你這樣會不會太累？我們都有手、有腳，可以照顧自己，你呢？你有照顧好你自己嗎？你是出來玩，不是來當我們的僕人啊！」

當這個朋友說出這些話時，其他朋友也拚命同意，大家七嘴八舌地說：

「被你照顧感覺很好，沒錯，但我們也想照顧你啊！」

「你好像總勉強自己做很多。我們看了，都替你覺得累。」

甚至有個平常話不多的朋友，突然說話了：

「每次看著你，總覺得你身上背負著很重的東西，想問你願不願意讓我們分擔，但你好像距離很遠，一臉『我自己來，沒關係』，讓人忍不住又把話吞了回去。」

總說：「沒關係，我自己來就好。」

怡琪聽著朋友的回饋，她才第一次發現，原來自己在別人眼中，是這個樣子：很認真、很在乎別人的感受，常常為了別人而忽略自己，也**總是獨自背負著重擔，不習慣跟別人說，也不習慣求助。**

「沒關係，我自己來就好。」這句話，是怡琪的座右銘。

沒想到，這樣的自己，雖然不會麻煩到別人，卻也把一些在乎自己、想要關心自己的人給推遠，讓他們沒辦法靠近。

「每次都被你照顧，我們也很想幫你、支持你，只是你好像不太習慣，所以我們都沒有機會。」朋友苦笑著說，其他朋友跟著點頭。

過度
努力

原來，自己這麼努力地不想麻煩別人，反而讓別人沒辦法靠近自己，也讓自己更孤單。

聽了朋友們回饋的怡琪，在回飯店的車上，想了許久。於是，旅行結束前的最後一晚，在飯店的房間裡，怡琪跟好友們分享了自己從來沒有跟別人說過的事。包含自己工作的辛苦，對自己的自我懷疑與苛責；以及自己的家庭：家暴的父親與離開她的母親……

還有，總覺得「自己不夠好，配不上現在這一切」的心情。

總覺得自己不夠好，擁有這一切是奢求，所以必須要很努力才能留得住，否則這一切就會如幻影、如泡泡般消失，如美夢般被收回。

總覺得有人帶著嚴苛的標準，檢視我的所有舉動與一言一行。只要發現我不好，就會被所有的人厭惡、嘲笑，世界就再也沒有我生存的位置。

所以她只能戴上面具，拚命努力，表現出別人希望她表現的樣子；看起來光鮮亮麗又工作能力強，但內心，她對自己的看法，是認為自己又笨又醜。

所以，她不能跟任何人太過靠近，因為，她自認，自己勉強穿著的外衣太過絢麗，更映照出內心的貧乏不堪。

為了被世界接納，她極力裝飾著自己的外衣，卻更感受到內心自我與外在的落差；覺得自己比不上別人，自己是裝的、是假的。那種「自慚形穢」的感覺，讓她更不敢跟別人靠近、建立深入的關係。

所以，她只能用「讓自己有用」、「討好」、「照顧別人」的方式，讓自己不被討厭，也與人保持距離，建立她所習慣的「安全關係」。

但內心的空虛、匱乏，仍然呼喊著，希望能與人建立深入的親密關係，只是……

只是，我覺得我不好，我不夠格，所以我不敢。

原來我一直很努力的樣子，反而讓別人沒辦法靠近我

「我一直覺得，你們每個人都很好，也都有愛你們的父母。如果你們知道我真正的樣

子，知道我的家庭，可能就會不喜歡我了。」

當怡琪含淚說出這些話，她的朋友們靜靜聽著。

然後，其中一個人走到她身邊，給了她一個很深的擁抱，所有人也一擁而上，一起抱住她。

「你真的很辛苦……不過，可以對我們有多一點信心嗎？」朋友對她眨眨眼，又哭又笑。「怎麼會以為我們聽了這些，就會不喜歡你啊？」

「我們覺得很心疼耶，你一個人背負這些東西這麼久。」另一個朋友摸摸她的頭說。

「難怪你這麼替人著想，原來你是苦過來的。不過，跟我們在一起，你應該可以不用那麼緊張辛苦。我們不會因為你沒有照顧我們，就會對你生氣，因為我們都有能力照顧自己；有的時候，也會想照顧你。」其中一個朋友對著她說。

那一晚，就在這樣的交心中度過了，那是怡琪從來沒有過的經驗。

「我沒有想過，當我說出我最不堪的事情、我最自卑的家庭、表現自己最脆弱的樣子、哭得亂七八糟……居然是可以被接納的。」怡琪含著淚說著。「我也沒想過，原來我一直很努力的樣子，反而讓別人沒辦法靠近我。」

「是啊，當你不想麻煩別人的同時，反而讓你重要的人，沒有機會對你表現他的在意。有些時候，別人想要主動幫你、照顧你，不是因為你是個麻煩，而是因為**他們真的很在乎你**，想幫你做些什麼。」我看著她，緩緩地說。「這就是愛的表現，不是嗎？」

「所以，我可以讓別人有機會，表現對我的在意與愛？」怡琪眼淚掉了下來。「然後，他們不會覺得我是麻煩？」

這句話，正是怡琪內心最深的害怕：

如果我真的放心依賴了，是否又會被拋棄、又會失望？又會發現，我只能自己努力，只能靠自己？

「我想，當別人希望你可以稍微依靠他們時，相信他們對你的愛，是很重要的，那會讓你產生力量。

「不過，你需要練習判斷，**即使有的時候，對方拒絕你，並非他們不在意你，或是覺得你很麻煩，而是他們當下有困難，也有自己的需求。**

「有些人的拒絕，的確可能是因為不在意你；但有些人是因為有困難。練習判斷這些，你可以知道哪些人覺得你重要、在意你的感受，而花時間在那些人身上；**遠離那些不在意你，甚至只把你拿來滿足自己需求的人，不用勉強自己去迎合每一個人。**

「這樣，你才能分辨，哪些人是你可以靠近、親近的人，而哪些人可能不適合。也才不會花太多力氣在不適合的人身上，讓自己太辛苦、甚至太受傷。」

聽了我的話，怡琪低著頭，深深思考著。

然後，她抬起頭，看著我，微微地笑了。

連日陰雨綿綿之後，今天，灑在我們身上的陽光，暖暖的，真好。

難以消化的自責與罪惡感

・自我的鋼鐵先生

昱禹與太太芯玲坐在諮商室的沙發上，分據沙發的左右各一角，誰也不看誰。

我才知道，原來我們諮商室的沙發這麼長。

看來，這段時間裡，他們有發生一些事情。

打出「洗澡牌」、「我很累，要休息牌」……

「我真的不能理解，他到底要我怎麼做？」芯玲首先發話，感覺怒氣沖沖。

「我後來想一想，或許是我太習慣忍耐、不習慣說出來，讓自己壓力太大。所以，這段時間，我練習想要跟他說，跟他說我的痛苦，還有生活中讓我很難忍受的部分。可是，他根本不想聽。我一說，他就走去房間換衣服，或是去洗澡，不然就是閉著眼睛躺在沙發上。」

「昱禹，所以芯玲說這些話的時候，你在想什麼？」雖然想問感覺，但知道昱禹對「感覺」的回應較少，所以，我問了另外的問題。

「沒想什麼啊，我就只是**剛好**想換衣服，**剛好**要洗澡，**剛好**想閉眼睛，休息一下。她在講，我有在聽啊！」昱禹一副「所以現在法律規定，回家是連洗澡都不可以嗎」的表情。

看起來就像是個**叛逆青少年**。

只是，在自己開始想要掏心掏肺、說些平日不容易啟齒的話，但當對方的反應是如此：發「洗澡牌」、「我很累，要休息牌」、「沒說話就走掉牌」，的確會澆熄說者的勇氣，也會把這樣的反應當成「拒絕」，而更加挫折無力。

只是，這些「剛好」，是不是昱禹的抗拒？

對他而言，聽這些話，是不是很難忍受？

會讓他想到什麼？感受到什麼難耐的情緒嗎？

「你根本就是不想聽啊！你知道嗎？我真的很寂寞，帶小孩很辛苦，我也很想要像你一樣出去工作啊！如果我在台北，我還可以找我爸媽幫忙、找朋友吐吐苦水，可是現在，我就是一個人在這裡，就這樣被綁住，什麼都做不好……」

芯玲生氣地說著，但眼眶慢慢泛紅。

「芯玲，你想說的是，當你想跟昱禹分享那些生活的困難，或是因為搬到這裡的心情變化時，你其實是想要獲得他的理解與支持，對嗎？」

我摘要著芯玲說的話。一面留意芯玲的表情。

另一方面，我的眼角也一直注意著昱禹聽這段話的反應。

臉上閃過一絲痛苦的表情

我發現，當芯玲說著上面那段話，說到自己的辛苦和寂寞、說出覺得自己什麼都做不好時，昱禹的臉上閃過一絲痛苦的表情；不過，這表情很快就不見了。

然後，他抿著嘴，兩手交叉環胸，一邊蹺著腳，一邊抖，把自己更縮在沙發的另一邊。

看起來好像在生氣、充滿防衛的神情；但我卻感覺，他似乎在保護著什麼。

是否，他正在保護那個，內在覺得痛苦而脆弱的自己？

「我現在也不知道，我到底想不想要他的理解跟支持？因為我覺得他根本不想支持我。」

芯玲看起來生氣，卻也掉下了眼淚。

「他一定覺得我很沒用，抗壓性很低。所以，我就乾脆沒用給他看，反正他就是這樣看我。」

「『沒用給他看』，是什麼意思呢？」

我心裡默默猜到，但還是問了。

「原本我把酒都丟了，想要試著不喝，用跟他討論分享的方式，去解決、舒緩我的壓力。我以為這會有用。可是老師，這完全沒有用，還讓我壓力更大。所以，我就決定報復性飲酒，反正他看我，就像看個累贅跟麻煩一樣。」

芯玲開始一直掉淚，看似生氣的表情，夾雜著挫折與羞愧感。

這種自暴自棄的憤怒，其實是極為受傷的自我保護反應。

現在的芯玲，很難過。

討厭我一直喝酒，跟他媽一樣？

「你很努力想做些什麼，改變現在的狀況，但當你無法靠近昱禹時，很擔心昱禹是怎麼想你的。你擔心，他是否覺得你很沒有用，所以不想靠近你。」

芯玲聽著我的話，稍微比較平靜一些，點點頭。

「昱禹，聽了芯玲說的，你想說些什麼嗎？」我又捕捉到，昱禹一閃而逝的痛苦神情。

昱禹沒有說話，腳抖得越來越厲害，看起來，好像正在生氣、很不耐煩。

但我猜測，昱禹對於自己內在現在升起的情緒，心情非常複雜，不知道該怎麼處理與應付。

因為這股情緒，讓他很不喜歡、很焦躁不安。

「我留意到，當你聽到芯玲說的某些話時，似乎會讓你有一些情緒，但你不喜歡那樣的感覺？」我對著昱禹，緩緩地說。

昱禹沒有表情，不看我，也不回應，繼續他的不合作運動。

此時，芯玲插了話：

「他就是很討厭我，很討厭我這個樣子，沒有用，一直喝酒，跟他媽一樣……」

芯玲忍不住心中的情緒，哭了出來。

過度
努力

兩人都被昱禹的過去給困住了

這是她一直以來的害怕。她一直很努力，希望昱禹可以覺得她很好，可以更愛她一些，所以她很忍耐，直到快要崩潰為止。

她的努力與忍耐，是否也是對昱禹的心疼？心疼他有個辛苦的童年？而她現在的崩潰、對昱禹的情緒，是否也包含了對於「自己做得不夠好」的挫折與自責？

對於芯玲和昱禹來說，是否都被昱禹的過去給困住了呢？

想到這裡，我決定回過頭去與芯玲聊聊。

「芯玲，我聽到你說，你覺得昱禹很討厭你沒有用、像他媽媽的樣子。你一直很害怕這件事嗎？很害怕變得跟昱禹的媽媽一樣？」

芯玲停住了。她想了一想，然後點點頭。

「我好像沒有特別想過這件事。只是，**結婚以來，我一直跟自己說，我一定要做得很好，要很努力，給昱禹一個不一樣的家庭。**」芯玲輕輕地說。

「『給昱禹一個不一樣的家庭』是什麼意思？」似乎露出一線曙光，我緊接著問。

「他以前跟我說過他的童年。他的童年真的很辛苦，都在照顧媽媽，又要面對爸爸的怒氣。他還有弟弟、妹妹，媽媽跟爸爸都沒人有力氣照顧他們，所以這個擔子又落在他身上。」

芯玲開始一直掉淚。一邊掉淚，一邊用手背抹眼睛，像個小孩一樣。「第一次聽到的時候，我真的很難過。那時候，我就下了一個決定，以後如果我和這個人結婚，我一定要給他一個不一樣的家。」

「聽起來，你很心疼昱禹，所以，你很想要努力給他幸福，對嗎？」我聽了芯玲的話，心裡酸酸的。

「可是，我還是失敗了。我太軟弱，沒辦法做好，最後，還跟他媽一樣，一直喝酒，讓他不想回家……我很努力，可是我好沒用……」

原來，那些抱怨，是求救、是恐懼

原來，那些抱怨，其實是求救、是恐懼，是對於自己做不到「自己期待的樣子」的害怕與失望；不曉得要怎麼樣，才可以變成自我期許的自己，也想確認會不會因此失去對方的愛；面對這樣的恐懼，只好求救，只是那些求救，久了變成抱怨。

而失望，也**從對自己的失望，轉變成對昱禹的失望，因為，這樣不用一直面對「自己不夠**

過度努力

好」的羞愧感，而只要轉而對昱禹憤怒就好。

憤怒，永遠是有力的，**也是比羞愧感與無力感，更容易被自己接受的負面情緒。**

芯玲眼淚越掉越多，那些眼淚來不及抹掉與隱藏，就這樣打進我們的心。

包括昱禹。

他轉頭看了一眼芯玲，又快速地轉回來。那抹痛苦的表情，又出現在他的臉上。

「我沒有，覺得你做得不好。」一直沒有說話的昱禹，說話了。「我……做不好的，是我。」昱禹扶著額，無意識地抓著頭髮。

「我才是真的沒有用的那個人，沒辦法讓媽變好，又讓你變成這樣。」

昱禹的聲音哽咽。

芯玲一臉驚訝地、轉過去看著昱禹。

「昱禹，我剛聽到你說出很重要的事，我和芯玲都非常想聽。你願意多說一點嗎？」我慢慢地說。芯玲在一旁，一面點頭如搗蒜，一面抹掉眼淚，很認真地看著昱禹。

室內的空氣變得很安靜，沒有人說話，只聽得到指針轉動的聲音。

過了一會兒，昱禹說話了：

「我知道芯玲很努力。她真的很辛苦，跟著我來新竹，又生了小孩，變成全職家庭主婦。她原本的工作也很好，我知道她很喜歡工作，也很喜歡在台北的生活。結婚前，她也跟我說過，她不想當家庭主婦。但婚後，她會來新竹，留在家裡帶小孩，都是為了我。」昱禹哽咽地說。

「我什麼時候跟你說，我不想當家庭主婦？我沒有啊！」芯玲突然插話。

「有一次，我們在看電視，那時轉到一部韓劇看了一下，然後你說，你沒辦法跟劇裡的女人一樣，當家庭主婦，整天就是只忙老公跟小孩的事。」

昱禹深呼吸了一下，聲音也恢復正常。

我看向芯玲，芯玲一臉就是「有這件事嗎？我怎麼不記得」的表情。

或許，昱禹比芯玲想像的在意她許多，所以她說過的一點小事，昱禹都放在心上。只是從沒表現。

「後來，婚後我找到新竹的工作，你鼓勵我接下來，跟了我過來。但我知道，你心裡其實是很不願意的。」昱禹停了停。「所以，其實我一直都在找台北的工作。」

「什麼？你怎麼沒有跟我說？」芯玲很驚訝。她看著昱禹，似乎從沒想過他心裡是這麼想的。

「幹嘛跟你說呢？我又還沒找到。」昱禹自嘲地笑了笑。

那笑裡，似乎帶著些辛酸。

那是自責與寂寞的表情

「昱禹，你剛剛回答芯玲的時候，笑了一下，怎麼了？」我問。

那個笑，背後似乎有著很重要、卻難以描述的情緒。

「覺得自己很好笑啊！我也很想讓芯玲幸福，可是，我沒有能力讓她過她想過的生活，只能留在新竹。」

「聽起來，你好像有點自責？」

「我就覺得，自己沒能力做到讓她快樂幸福吧！」昱禹往後躺，露出了一個表情。

那不只是自責，而是寂寞的表情。

「你說這句話的時候，讓我感覺，你好像有些感觸？」

我小心、慢慢地探路。

「就覺得，自己大概是個沒能力幸福的人吧！好不容易有了一個不錯的家庭，太太跟小孩都很好，但我沒能力，又搞砸了。」

「又？『又搞砸了』是什麼意思？你之前搞砸過嗎？」我小心地問。

昱禹聽了我的問題，抿抿嘴，用手無意識地在嘴邊抹了一下，又放下來。

看起來，是有什麼想說而沒有辦法說出來的話，在昱禹嘴邊，說不出口。

我和芯玲等待著。

然後，昱禹嘆了口氣。

我一直在想，如果當年我再努力一點……

「我知道這麼想可能有點蠢……但在我媽肝炎過世後，我一直在想，如果我再努力一點，或是那時候的我，能力再好一些，我是不是有可能留住我爸在這個家，或是，讓我媽能夠不要那麼快就死掉？

「有時候我會想，是不是我做得不夠、不夠好，所以她才捨得丟下我們，就這樣自暴自

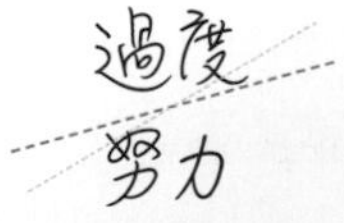

棄地喝酒、就這樣走了？

「可是，除了照顧她的起居，我不知道怎麼關心她，也不曉得她是怎麼想的。我只知道，她一直抱怨爸爸。那時候，我對這些情況完全無能為力，那種感覺真的很痛苦，所以我就是讓自己像機器人一樣，把生活的每件事做好。

「現在，我找到一個我喜歡的人，建立一個我想要的家庭。**她本來很好，但後來被我變得跟我媽一樣，而我卻變得跟我爸一樣**。我在想，可能是我這個人真的有問題，沾染到我，都不會有什麼太好的下場。」昱禹露出自嘲的笑容。

「聽起來，你好像在說，你覺得自己是一個沒有資格得到幸福的人？」我輕輕地說。

聽到我說的這句話，昱禹眼眶迅速轉紅，他立刻轉頭看向窗外，不讓我和芯玲看到他可能洩漏出來的情緒。

「對你來說，芯玲跟你的孩子，是你最重要的人，對嗎？」

「當然。」昱禹不加思索地回答。

旁邊的芯玲震了一下，她轉頭看向昱禹，眼眶迅速充淚。

但昱禹仍看向窗外，沒有看我們任何一個人。

然後，我看到了，芯玲將她的手，怯生生地蓋上了昱禹放在沙發上的手。

你身上的擔子，我們能不能一起背？

「我也覺得你對我好重要，所以我才會那麼努力，我也很希望給你幸福，希望你可以不用再那麼累，不用只是照顧別人，而可以被照顧。」芯玲開始掉淚。「因為，我覺得你是個很好很好的人，你一直很努力，也很辛苦，我都看在眼裡，所以我在想，你身上的擔子，能不能分一點給我？我們一起背，就不會那麼累。」

芯玲用另一手抹著眼淚，慢慢地說。

「來新竹這件事，是我的選擇；在來之前，未來可能會發生什麼事，我都想過了。不過，其實來新竹，不是讓我覺得最辛苦的；最辛苦的，是我發現，來新竹之後，我跟你變得好遙遠，你看起來好像一直在忍耐什麼，可是我不知道。我覺得慌，**我怕你是在忍耐我。**」

說著這些話，芯玲一直掉淚。

那是很深的害怕。

到了一個新的環境，自己變成了自己也不熟悉的樣子，而最重要的丈夫對待自己的態度又有如此大的變化，讓芯玲害怕地想：

是不是自己現在這個樣子，太沒有用、是丈夫的累贅，所以他才不想靠近自己？

於是，芯玲用自己的方式，非常非常的努力，努力過了頭，反而讓自己撐不住了。

而昱禹，看著芯玲的變化，更覺得是自己不夠有用，勉強芯玲做她不想做的事，才會讓芯玲變成這樣。

那些過去面對媽媽酗酒和爸爸離家的無力感與恐懼，全都湧了上來，與現在的情緒交雜在一起，變成巨大的罪惡感、恐懼與自責。

而從來沒有學過怎麼對人敞開心胸、不容易談自己內心脆弱的昱禹，只能一邊逃跑，然後一邊用自己的方式努力，卻發現怎麼努力都改善不了狀況。

這些情緒太過複雜、痛苦，也難以承受，**昱禹不知道該怎麼處理，於是就用他以前最習慣的方式：「情緒隔絕」，把自己關起來。別人碰不到自己，自己也出不去。**讓自己做該做的事情，行屍走肉、毫無感覺地過生活。

昱禹，**坐著自己的牢，當著自己的獄卒。**

他們都有自己的傷，也都很在乎對方

昱禹這麼做，只是為了不要碰觸到，那些對自己深深的失望：認為自己沒能力讓重要的人幸福快樂，自己也讓幸福從手中溜走的自責、罪惡感與羞愧感。

而這股情緒，蔓延到芯玲身上，於是，芯玲也陷在這樣的感受當中；在這個時候，更讓她感到孤獨與寂寞，覺得更需要被理解，希望與昱禹連結卻未果，於是轉而尋求酒精的慰藉。

我忍不住想，會選擇酒精，是否也是因為芯玲在無意識中，認為這是可以最快讓昱禹注意到，可以讓他回頭來照顧、靠近她的方式？

對這兩個人而言，這是多麼沉重的情緒？

而他們，都有自己的傷，也都很在乎對方，所以，他們都很努力。只是，為了照顧對方的努力，反而把彼此推得更遠。

聽著芯玲說的話，昱禹沒有回頭，也沒有說什麼，但他的手，反向握住了芯玲的手。

被握住手的芯玲，淚掉得更多了。

害怕一說出口，會不會就崩潰了？

「我想問你，你會覺得我是你的累贅嗎？你會覺得現在的我，很沒有用嗎？」芯玲哽咽地問。「我好害怕，因為我喝酒，你想放棄我，你只是說不出口，因為我們有孩子。」

聽到芯玲的問題，昱禹還是沒有轉頭，但他把芯玲的手，握得很緊很緊。

我想，對昱禹來說，他內心現在的情感是很澎湃的，但他一直都不知道怎麼處理這樣的心情，不知道要怎麼表達。

或許，甚至有些害怕，如果說出口，會不會自己就崩潰了？

畢竟，忍了那麼久。

如果自己崩潰了，會不會，芯玲就會不喜歡？會不會覺得這樣的他很沒有用？

只是，**在親密關係中，真正加深彼此情感的，不是那些看似「有用」的部分**，例如照顧對方、物質上的提供……

而是，**當我們願意讓對方看到我們的脆弱、恐懼、情感……那是我們真正的樣子**，而只有對方，我們願意讓他看見。

那些我們誤以為「沒有用」的部分，卻是在關係中最珍貴的部分。

看著一直不發一語的昱禹，仍然緊握住芯玲的手。我說話了：

「昱禹，當你聽了芯玲的話時，我看見你一直緊握住芯玲的手，我猜你內心有很多很多情緒，只是你不習慣說出口。」我看著昱禹。

「你怕說出口，會怎麼樣嗎？」

昱禹沒有回話。良久，他頭轉回來，但仍沒有看向我。「我不知道是不是怕。」

「你想說看看嗎？」

「我只是……我怕說出口，會崩潰。」昱禹開始眼眶泛紅。

「沒關係，我陪你。」芯玲另一手也再握住昱禹的手，看著他，堅定地說。

在這個時候，我眼眶也紅了。

「你沒有不好……我只是覺得自己好沒用，可是，你不要丟下我，好不好？我真的很需要你……」

昱禹突然爆哭。他將芯玲的手拉了過來，碰著自己的臉。

像是想得到一些撫慰一般。

芯玲立刻坐到昱禹身邊，用力抱住他。「我不會丟下你，只要你不要因為害怕就先把我推開，好不好？」

芯玲用手摸著昱禹的頭，安慰著爆哭的他。

有的時候，我們會怕自己沒有用，而讓所愛的人因此不要我們。卻沒有想到，或許，對愛我們的人而言，不論我們有用、沒用，我們的存在與給他們的愛，對他們來說，就是難以替代的美好，是極為珍貴的寶物，能給予他們支持、力量與勇氣。

我們都有傷，都會有困難。但當我們能夠在一起互相扶持，或許，那個困難就沒那麼難以跨越；那些傷，也總有慢慢癒合的一天。

陽光從窗簾的一角照了進來，暖暖地照在擁抱著的兩人身上。

真的很好。

第四步

行動

在人生裡，每個人都有自己的選擇，
也會有自己呈現的樣子。
不論是什麼樣子，
都是我們用自己的方式在努力的樣子。

看見傷：給過度努力的自己一個擁抱

停止批評自己，理解自己的選擇

・要「最好」的有用醫生

這幾次看到育仁，感覺他放鬆很多。

「之前那樣哭一哭，好像真的有一些東西變得不一樣了。」育仁笑著說。

「喔，有什麼東西不一樣了？」我好奇地問。

「也許就是比較輕鬆了吧！現在在工作上，比較不會像以前那樣發脾氣。」育仁聳聳肩。「很奇怪，好像諮商也沒做什麼，道理我都懂，可是，就是感覺到自己有些改變。」

「你覺得，諮商前跟現在比起來，在面對一些工作上不愉快的狀況時，感受、想法或是處理方式，有些什麼不一樣嗎？」

育仁發現了自己的不同，我想要陪著他爬梳看看。了解自己在面對這些事的感覺、想法與行動，以及他內在的人生腳本，是否有什麼鬆動，讓他可以有不同的方式去因應、面對這些困難與挑戰。

畢竟，他的生活與工作中，會一直遇到這類的難關，瞭解自己擁有哪些資源，可以幫助自己跨越，是非常重要的。

接受現況後，一切變得不一樣

育仁靠在沙發上，閉著眼睛想了一想。「可能最大的不一樣，就是接不接受吧！」

「怎麼說？」

「以前我遇到這些事情的時候，會覺得很生氣。一方面是因為挫折，但另一方面可能是因為，我認為這不是我選擇的。我本來認為，當醫生是我爸媽要的選擇，不是我要的，我是被逼的。」育仁摩挲著自己的大腿。

「不過在跟你談的過程，討論到生存策略時，我才發現，雖然我的確是為了在我爸的情緒下生存；但是，決定當醫生，仍然是我為了生存做的選擇。因為我評估過，做這個選擇，可以讓我不用一直花力氣、處理我跟爸媽的衝突，還可以讓我趕快存到錢，搬離這個家。」育仁突然笑了。「而且當醫生常常需要值班，所以我就有不回家、可以住在宿舍的理由。

「當我發現，原來當醫生還是我自己的選擇，我不能全部都怪到我爸頭上時，後來，在工作中面對鳥事的時候，我好像變得會跟自己說：『呃，可是這個工作是你自己選的，以後這種事說不定還很多，所以你得想出辦法面對才行。』

「很有趣的是，我這麼想以後，心情反而平靜了不少，有些鳥事也變得能忍受很多。因為，醫院就是充滿鳥事的地方，沒有鳥事才奇怪吧！」育仁大笑。

我非常佩服育仁自己的覺察與調適能力。

「這是我的選擇」，並不等於「這是我的錯」

有時候我們人生最難受的，是發現：原來現在的痛苦、境況，跟自己的選擇有關。對於許多在人生中已經傷痕累累的人而言，要承認這件事，等於是在怪自己說：「所以現在會受苦，是你自己的錯。」

這是讓人非常難以承受的。

當然，承認是自己的選擇，並非代表是自己的錯；只是，**大部分的人，容易把「負責任」和「犯錯」劃上等號，而很難不自我批評。**

於是，使得這個「承認選擇、負起責任」的過程，成為重如泰山的責任巨石，壓得讓人動彈不得。

只是，當我們不能承認時，卻又難以拿回自己對生命的主導權；因此，可能繼續留在這個苦當中，氣自己，也氣別人，而無法動彈。

接受並承認自己所做的選擇，且瞭解自己做這個選擇，可能是為了生存、或逃避一些痛苦、或害怕，而不過度責怪自己，也不逃避承認與面對。

這，其實是最辛苦，也是最困難的部分。

但育仁卻自己跨越了這一段。

在心裡不舒服時，先讓自己離開現場……

我很想知道，是什麼改變，讓他能夠接受「這是我的選擇」，而不出現「這是我的錯」的非理性信念？

「我後來用你跟我談的方法，檢視了自己一下。」育仁拿起水杯，喝了一口水。「我發現，**每一次我對別人很生氣的時候，常常是我批評完自己之後。**」

這個發現完全引起我的好奇心，我很認真地聽著。

「之前像你說的，我心裡有個很會批評自己的聲音，姑且就把它稱為『唱衰魔人』好了。我留意了一下這個『唱衰魔人』的行為模式，發現它會在我挫折、工作遇到困難的時候，跑出來亂。」育仁笑笑地說。

「比如我被病人家屬罵，已經超級不爽了，這時候『唱衰魔人』還會出來說：『你看，你就是什麼事都做不好，所以都當醫生了，還會被人家罵。』

「聽到它的話，我當然就更不爽，就會越來越生氣，覺得這些人都很可惡，為什麼我要待在這裡被大家糟蹋。後面你就知道了，是我一開始來找你的原因。」育仁有點不好意思地笑了。

「後來我開始按照你說的，在覺得不舒服時，先不要馬上反應，讓自己可以離開現場什麼的。然後一個人的時候，**再試著記錄一些自己的情緒**。

「我發現，這個方法好像真的有用。離開現場之後，我讓自己稍微靜一靜，問自己到底怎麼了。幾次下來，發現那個『唱衰魔人』的批評實在太影響我。所以後來只要它唱衰我，我就讓自己冷靜一下，客觀評估整個情況，然後想像我自己去回應它的唱衰，跟他說，**其實沒那麼嚴重**。

「我發現，這好像可以讓我比較不那麼生氣，可以冷靜把後面的事情處理完，對自己的批評也變少了。然後，我有空的時候，用你建議的方法記錄一下，抓出我自己的情緒模式，結果就發現：

「原來我被批評的時候，會覺得自己很糟糕。像你說的，我沒辦法消化這些，就會想怪天怪地怪別人，然後現在的狀況就會讓我更難忍受，讓我覺得我是被迫的。

「不過，當我可以對自己停止批評後，要承認當醫生，其實是我自己的選擇，而不只是我爸爸造成的，好像會比之前容易一些。因為之前我真的會感覺：『我已經那麼慘了，為什麼還要負全部的責任？』就會覺得更生氣，哈哈！」育仁拍拍自己的大腿。

其實，自己不全然沒有選擇能力

發現育仁如此冰雪聰明，我決定再乘勝追擊一下。

「發現這是你自己的選擇，對你的幫助是什麼？」

育仁愣了一下。

「這是個好問題……我沒想過。但你這麼一問，我才發現這個想法的確有幫助我。我本來以為，認為是自己的選擇，就是不逃避、負責的態度而已。」育仁停頓了一下，想了想。「不過，當我發現這是我的選擇，**我才知道，不管我爸是什麼樣子，我可能都是有選擇的。雖然有時候，選項本身可能不夠好。**」

「你的意思是，不管你爸，或是身邊的環境給你多大的壓力，其實你都是有選擇的。即使有時，那個選擇不是你最好的選擇，但說不定，那個選擇是你評估過，所付出的代價可能比較少，或者，是你可以承擔的。例如，你決定當醫生，可能因為你爸想要你當，但你也有一些自己的考量，所以，你做了這個選擇。」我頓了頓，看看育仁的反應。

育仁很專心地聽著我說。

「因為當時是你的選擇，也就是說，在爸爸給你這麼大的壓力下，你仍然保有自己的評估，還能有做選擇的能力；現在的你，一定比那個時候更有力量、更有資源，所以，如果你想要做其他的選擇，其實也可以，對不對？

「因為，你很早，就有做選擇的能力了。」

育仁若有所思地看著我。

承認自己的選擇，不只是負起自己的責任；也是承認自己的力量：相信自己有能力做選擇。

不過，有時候因為太苦，要承認是自己的選擇，其實是非常困難的。特別是，當身邊的人對自己很嚴苛，而自己為了適應生活，又內化了別人的標準當成自我批評的要求時——**勇氣，常在這些批評下消耗殆盡。**

當我們願意理解：自己的選擇，只是為了生存、為了適應，而這些選擇沒有好壞。當我們能給自己一點同理、一點溫柔，一些空間，能夠好好呵護自我，讓自我能夠伸展時——自我會慢慢長出力量，面對這個世界；也將有勇氣與彈性，讓自己的人生有其他選擇的可能性。

於是，我們不再只有努力做到別人標準的「正確答案」，而將能慢慢建立自己的標準，找到屬於自己人生的答案。

我已經夠好了：給自己一點溫柔

・一定要贏的明耀

「有件事，我想跟你聊聊。」明耀認真地看著我說。「關於我跟我女友的事。」

除了需要，從不主動提自己私生活的明耀，開始願意分享除了工作以外的事情；偶爾，也會說出「這我都知道，但要這樣做好難」的話。

慢慢敞開自己，情緒開始流動之後，恐慌的症狀好一段時間沒有發作了。

對明耀來說，似乎是個意外之喜。

「諮商真的很神奇，我想著姑且一試，結果還真的有效。而且，談到現在，發生太多事情，我都已經忘了自己本來的目的，是希望恐慌症可以好一點。」明耀笑著說。「原來你常說的，『改變，總在你放棄改變的時候』，是這個意思。」

我笑了笑，點點頭。

有時候，**當我們放棄「努力讓自己變好」，而是「希望多瞭解自己一點」時，拿掉「過度努力」，可能就有一些空間，讓「改變」自然而然發生。**

只想聽好聽話，這樣怎會進步？

「你說你想聊跟女友的事，是什麼事呢？」

「最近，我跟女友的相處比較好。以前我常會情緒不好，我知道她很讓著我，不過，我還是容易發脾氣。最近我發脾氣的狀況少了，也比較能有耐心聽她說話。空閒的時候，我們會聊天什麼的。」

明耀無意識地，手指在大腿上輕敲著。「她前幾天跟我說了一件事，我有點在意。」

我點點頭，繼續聽著。

「她說，我時常會批評她。當她跟我分享一些自己的想法，或是工作上的挫折，她說，有時她的確希望我可以給他一些旁觀者的看法，但有時候，她只希望我聽她講。可是幾次下來，她發現我總是會批評她哪裡做得不好，就讓她不太想講了。」

明耀說到這裡，停頓了一下。

「聽她這麼說，你的感覺如何？」我不動聲色地問。

「我很意外，我認為自己是在幫她，但她反而覺得我在批評她。我又想，難道你希望我只跟你說好聽話，不去告訴你哪裡還可以改進？如果這樣，我們不都在自己的幻想裡，以為自己很好，但其實別人都覺得我們很糟糕？」明耀皺著眉頭。

「我不是很喜歡這樣。像是你們心理師很愛說的，要愛自己、肯定自己。那代表有問題都不能說嗎？這不也是一種逃避？所以，她不想進步嗎？只想聽好聽話？」明耀的口氣有些上揚，似乎有些焦躁。

「你說得很有道理，**這也是我們人生很兩難的部分：要怎麼樣，可以讓自己進步，卻不至於變成批評。**」

我點點頭，肯定他的想法。

「特別是，你一直都是希望『好，還要更好』的人，你也很習慣用這種方法讓自己進步，所以，你也會這麼對你認為重要的人吧！

「我猜，有時你是替她擔心，覺得可能有更好的處理方法，讓她的生活可以更輕鬆，所以你想告訴她，對嗎？」

「但她不領情。」明耀聳聳肩，然後他突然笑了。「還是我帶她來這裡，你跟她說？」

你要不要試著跟自己說：「其實這樣，已經夠好了」？

我笑了笑。

「先別說她，我們先回到你身上。我倒是很好奇：假設在工作上，你遇到了一件讓你很生氣的事情，錯不在你，但最後責任要你承擔；如果在氣頭上，你想找人聊聊，你會比較希望他告訴你怎麼做，還是希望他先聽你說發生什麼事、說你的心情？」

聽我說完，明耀若有所思。

「你想像一下，如果在那個當下，有一個人聽你說，然後告訴你：『你真倒霉，但這不是你造成的，你已經做得很好了。』或是，他就是好好聽你說完，理解你的心情就好。你會覺得好過一點嗎？會不會比一直給你意見，還讓你舒服一些？」

「是沒錯，**但這樣不是對自己太好嗎？**」說到這，明耀的臉皺成一團。

「有什麼理由，**需要對自己那麼不好嗎？**」我笑著說。「**只是給自己一點時間，一點理解與溫柔**，是一件『天理不容』的事情嗎？」我故意開著玩笑。

「你或許很擔心，自己一『過得爽』，就不會想進步。但如果你努力過了，照顧一下自己的心情，肯定一下自己，我想，不至於讓你不想進步吧！」我對著明耀笑了笑。

明耀專注地聽著。

「你有沒有想過，既然你的一生，從來都想進步，都沒有放鬆的時候；那麼，除了擔心『不夠好』，你要不要試著跟自己說說：『其實這樣，已經夠好了』？

「一直都這麼努力的你，應該**很值得這句話**吧？」

明耀不說話，一直看著我。

「**我沒有想過，可以跟自己說『夠好』**。」明耀停了一下。

「那你現在試試看，在心裡跟自己說：『我已經夠好了』，感受一下發生什麼事。」

明耀盯著桌面，停頓了一會兒。

「嗯，好像沒那麼不安、焦躁，不過，有一種特別的感覺出現，不太舒服。」

明耀抬起頭來看著我。「我是不是不喜歡這麼做？」

「你再感受一下，是不喜歡，還是不習慣？」

明耀停了停。

「的確，好像是不習慣。現在感覺好一些，不過隱隱還是有些焦慮。」

比起「我表現得好不好」，希望你更在意的是「我好不好」

「當你一直在追逐『要更好』時，永遠都有機會看到更多不夠的時候；現在，我們要停下來，跟自己說：『**現在的我已經夠了，可以更好，可是不需要用這個方法來證明自己了。**』這種跟以前不一樣的方法，可能會讓你不習慣，但是，也會帶給你不同的感覺，**那是一種『安心感』**。」我看著明耀，慢慢地說。「你喜歡這種感覺嗎？」

明耀若有所思地看著我。「不差。」

「或許有時候，你女友想要的，也就是這種感覺而已：**只是想被理解、想被看見。可能比『一直追求更好』還更讓她在意**，因為那代表，我在你心中是重要的。也就是說，比起『我表現得好不好』，希望你更在意的是『**我好不好**』。」

明耀不發一語。許久，他抬起頭。

「我好像從來不在意自己的感覺，我也從沒問過自己：『我好不好？』就算是在我人生最辛苦的時刻。

「是不是因為我從不給自己溫柔，所以我也很難對別人溫柔？」

「可是，現在的你，我想是可以做到的。」我笑著說。

比起追求「更好」，願意停下來，給自己和別人一點溫柔，問問自己和身邊的人：「我好不好？／你好不好？」是需要更多勇氣與信任的。

而我相信，現在的明耀做得到。

今天的你，好嗎？

接納自己真正的模樣，不論是感受或需求

接納情緒，練習表達

・不能犯錯的怡琪

和怡琪晤談的過程中，她慢慢地開放自己。原本對自己的情緒很陌生的怡琪，發現自己原來情緒非常多，只是**很習慣用壓抑或暴食的方式處理。**

某一次見面，怡琪跟我分享自己暴食完的感受，還有自己的忍耐：

「我後來發現，進行這個儀式，對我來說，的確是有一種療癒的意義。平常工作的時候，我一直在忍耐，忍耐很多情緒：忍耐別人對我的期待或攻擊；忍耐我對於別人不負責

任或不考慮我狀況的憤怒；忍耐別人做不到我的標準卻又自以為是；忍耐我總是需要照顧別人，但卻沒有人想來照顧我。」怡琪苦笑了一下。

「平常對這些事情習以為常，總讓自己沒感覺；現在有感覺了，才知道自己承受了什麼。對以前的我來說，**暴食，好像是一種自暴自棄，也好像是吞下許多不能說的情緒**；然後，一口氣全部吐出來，就好像不吐不快一樣，反而有一種發洩的放鬆感。」怡琪有點尷尬地看了我一眼。「我講得那麼露骨，不知道會不會讓你不舒服？」

我搖搖頭，給她一個支持的微笑。

「我知道，要說出這些，對你是不容易的，但也很重要，對不對？」見她點點頭，我繼續問。「不過你覺得，為什麼需要讓自己『沒有感覺』？」

我怕像爸爸一樣失控

怡琪愣了一下，似乎從來沒有想過這個問題。她歪頭想了想，然後又笑了。「大概是這樣，才能撐得下去吧！」

「撐得下去什麼呢？還是，你想『維持』什麼呢？」

我停了停，看著她。「我有個感覺，這些忍耐和對情緒的克制，好像是因為你想要『維持』什麼。如果不這麼做，有什麼東西就會垮了？是這樣嗎？」

怡琪想了很久，然後看向我。

「我原本一直以為，我讓自己沒感覺，想要一直『撐著』，是因為要生活。生活就是苦的，有感覺，好像就會撐不下去。但你這麼一說，我剛一細想，好像有更深的害怕。」

我直起身，非常專注地。「你覺得，那個害怕是什麼？」

怡琪低頭，認真地想著，然後，她抬起頭。「可能，那個害怕，是我怕我如果有感覺了、沒辦法忍耐了，我就會失控。」

感覺我們越來越接近核心了。我慢慢地、更專注地探路。「怎麼失控？」

「我怕，我會非常生氣，對著別人大吼大叫，或是攻擊別人。」怡琪眼眶迅速泛淚。

「像我爸那樣。」

只讓自己表現出「好」的那一面

原來，怡琪想要維持住的，是「不生氣、不失控的自己」。

生氣或失控，對她來說，都是很不堪的記憶、很恐怖的樣子，就像爸爸一樣。

那些憤怒，總會四處亂射，傷害身邊重要的人，也讓別人想遠離自己。

所以，怡琪忍耐，忍耐著所有的憤怒，只讓自己表現出「好」的那一面。

而那些忍下來的憤怒與受傷情緒，透過暴食，那些憤怒從對外變成對內，這種「自暴自棄」的感覺，是對他人的憤怒，發不出去、壓抑下來後，變成對自我的攻擊，化成可能傷害自我健康的大量飲食，然後吃完吐掉，就像「排毒」一樣，吐掉所有的情緒。

「暴食」，原本就是夾雜憤怒與壓抑需求的一種表達方式。

當怡琪越需要壓抑憤怒、過度努力維持那個「好」的樣子時，暴食的症狀就會越嚴重，而**隨之而來的羞愧感與自我厭惡感也就越深**。

當然，對怡琪的自我價值，還有生活，傷害就越大。

面對這麼大的恐懼，我們需要慢慢拆解自我對憤怒的恐懼；要拆解這些，必須要先學會靠近、認識憤怒才行。

我想要一步一步來。

一有生氣的情緒，就認為自己不好

「你有生氣過嗎？」我問。

怡琪笑了。「當然有，不過幾乎都是在心裡生氣，沒有表現出來。」

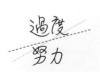

「所以，其實你是有生氣過的，但你控制得很好，沒有表現出來過傷害別人，是嗎？」我問。

怡琪想了想，點點頭，然後又搖搖頭。「偶爾我還是會表現，就是不講話。」怡琪停了停。「不過，剛剛你說到『控制得很好』，我突然發現，好像在生氣的時候，我會立刻出現一個感覺，然後，生氣就會不見了。」

我聽了，知道我們越來越靠近核心。

「你想試著描述看看那個感覺或過程嗎？」

「似乎……當我覺得有點不舒服、快要生氣的時候，會有一個聲音跑出來，告訴我不能這樣，甚至……好像會有做錯什麼事的感覺。」怡琪試著描述。

我點點頭。「你的意思是，當你快要生氣的時候，這個聲音會跑出來，告訴你不能生氣，甚至，你會因此有一些罪惡感或羞愧感。這種『好像做錯什麼事』的感覺跑出來，是不是會讓你有些害怕？」

怡琪點點頭。

「你覺得，你是怕別人發現你生氣，會被討厭；還是說，一有生氣的情緒，你就認為自己不好，覺得這是很可怕的東西，自己不可以有？」

怡琪停了停，認真地想了想。「好像是後者更多。應該是說，怕自己這樣生氣很不好、很不應該，這樣可能會被別人發現，會被討厭。」

「所以，**為了消除這個『感覺自己不好』的焦慮**，你會怎麼做？」

「**我就會做更多。**不管是解決別人的問題，或是扛更多責任在自己身上……然後，我發現，**通常這麼做之後，我回去會大吃得更嚴重。**」

怡琪抬起頭來看著我。「所以，反而我做更多，我的暴食症狀就會更嚴重嗎？」

靠著「暴食」，安撫羞愧與自我厭惡感

的確，讓怡琪克制「表達憤怒」的恐懼裡，最關鍵的情緒，就是「覺得自己不可以有這種情緒」的羞愧感：當出現「憤怒」這個情緒時，會讓怡琪感覺自己很糟糕，就像「原罪」一樣。

因為「憤怒」情緒的升起，會讓她想到爸爸，而她深刻感受到爸爸對自己、對身邊人的傷害，因此，這是她極力避免相像、也極力想要掩蓋的一部分。

但是，內心深處隱隱感覺：「我是爸爸的小孩，也有繼承這樣的血液與基因，我會不會

過度努力

跟他一樣？」

因此，當發現自己有跟父親類似，也是自己最害怕他表現出來的情緒——「憤怒」時，心裡的防衛機制，想盡辦法要去除這個恐懼，離這個樣子的自己遠一點，於是，反而做出更多與這個情緒相反的事情——

不攻擊別人，也不保護自己；**反而對別人更好、更負責、更照顧別人、更委屈自己……**

而執行這些策略的過程，並沒有讓怡琪內心的羞愧感變得更輕。反而讓怡琪清楚，自己是藉由這些類似「贖罪」的行為，掩蓋自己可能會出現憤怒情緒而攻擊別人的「原罪」——

也就是說，對怡琪而言，心裡的想法是：

「我做的這些好事，只是為了藏起我天生就不好的部分而已。」

於是，**羞愧感只是被遮掩，但沒有被安撫、接納或消除，這樣的行為，反而讓怡琪因為過度壓抑而痛苦，更覺得討厭自己**，於是，更需要靠著「暴食」來安撫這個令自己痛苦的羞愧與自我厭惡感……

而這一切，成為一個無限迴圈。

感覺自己不好，就要做得更好；
做得更好，反而讓自己更清楚：
自己其實是在掩蓋那些不能讓別人知道的不好……
這種不言可喻的羞愧感，正是怡琪壓抑憤怒的關鍵情緒。

情緒需要被看見與理解

「你現在說出這些，感覺怎麼樣？」我問著怡琪。

「好像有一種比較輕鬆的感覺。」她看向我。「其實，重點不是生氣，而是我『怎麼生氣』，怎麼表達，對不對？」

有些人是這樣，雖然被內心的恐懼卡了很久；一旦有機會看清楚恐懼的樣貌，反而就不怕了、就懂了。

「是啊，你剛也有提到，有時候你是會用『不講話』來表達你的憤怒，所以，你擔心的『失控』，可能不見得那麼容易出現。」我回應著怡琪。

「不過，如果你一直花很多力氣壓抑、控制，說不定哪天你狀況比較差，情緒比較多，理智線突然斷裂，反而可能會出現你不想要的失控行為。」

「情緒就像個小孩，當你可以看見它、理解它，它就不用花很多力氣、大吼大叫吸引你注意。你也可以在剛發現它的時候，先安撫它，而不至於到它已經過度巨大、難以控制時才被你發現。那樣，的確就會出現你不喜歡的失控感。」我解釋著。

很多人對情緒的理解，常會因為害怕，就用壓抑的方式處理。只是，如果我們不能覺察、理解自己的情緒，反而沒有辦法知道情緒要提醒我們什麼。

因為，**所有的情緒都有功能**，特別是負面情緒。當它出現時，是為了提醒我們有事情不對勁。如果我們可以發現，並且因而提醒自己做些調整，這些負面情緒，其實是對我們的生活很有幫助的。

例如怡琪，對她而言，**「憤怒」的出現，其實是在提醒她：「你需要保護自己、建立界限，不能無止盡地退讓與犧牲。」**

憤怒能幫助你……

當我把這些話回饋給怡琪時，怡琪有點驚訝。「所以我的憤怒，其實是可以幫我的嗎？」

「沒錯。有些時候，當你扛下過多的責任，或別人把責任丟給你，『憤怒』其實可以提醒別人不能這樣，也在提醒你扛得太多。當你可以開始表達，大家知道你的極限在哪裡，你的界限就會慢慢建立，大家開始有機會責任拿回去，工作也會比較順利。」我解釋著。

「因為一群人的力量，總比一個人的力量大，而你的負載是有限的，不是嗎？」

「所以，我需要練習表達我的生氣，或是我的不舒服，讓他們知道？」怡琪一邊想，一邊慢慢地說。

「或者說，生氣這個情緒是在提醒你，可能你有一些感受沒有表達，或是有一些需求。你可以先問問自己在氣什麼，然後，客觀觀察情勢之後，看看怎麼表達，可以對工作有幫助。」我回應著怡琪。

「你可以感受一下，原本你工作時，目標可能是『努力維持自己好的樣子』，但其實你也清楚，對很多人來說，你看起來的樣子已經很好了，甚至有點太好，所以他們會丟給你更多責任。所以，**你可以試著把目標改成『讓工作更有效率、更能達成目標』，或許你就會有不同的選擇，也能夠跟別人表達你的需求。**」

我停了停，然後看向怡琪。

「畢竟，你也知道，從過去走到這裡，你已經夠努力、也夠好了，不需要再如此努力去證明自己的價值。現在，你可能需要新的生活因應策略，幫助你能夠更適應現在的生活。」

怡琪聽了，若有所思。

●●●

離開時，我感覺她的笑容似乎更多，身上好像輕了不少。

我在心裡，默默給她我的祝福。

我這樣，也很好

·戴著面具的小木偶

今天一來諮商室，我還沒坐下，美惠就告訴了我一件很重大的事情：

「我跟我的家人『半出櫃』了。」

我趕緊坐下來，聽著他說經過。

媽媽的挑剔，一部分是因為擔心

這次回家，難得全家團聚，弟弟跟姊姊也都回來了。雖然弟弟還是不怎麼跟大家說話，但是媽媽的心情顯然變得很好。不知怎麼地，媽媽就開始挑剔起美惠，越講越多，從頭到腳，從穿著、打扮到談吐。媽媽說：「你看看你這個樣子，不男不女，我是要怎麼幫你找對象？你是打算一輩子不嫁，是不是？」

聽到媽媽的話，美惠很受傷，但美惠還沒搭話，反而是一直沒說話的弟弟突然開口：「我覺得他這樣很好啊。」

大姊順口接了下去：「我也覺得，沒有非得要結婚不可。」

突然，媽媽就在飯桌上崩潰了：「所以你們現在是怎樣？全家人聯手起來對抗我就對了？我的想法都不好，你們都對？我就是個失敗的媽媽，對這個家都沒有用……」

媽媽一崩潰，全家就一片寂靜。

姊姊嘆了一口氣，弟弟不說話。

美惠在旁邊很緊張，正在想該怎麼辦的時候，爸爸突然說話了：

「美惠一直很懂事，他有他自己的路，你不用太擔心。」爸爸把手放上媽媽的肩膀。

「做父母的，能給孩子的，就是祝福，還有一個避風港。再給其他的，就太多了。」

難得爸爸說話了，媽媽一直哭、一直哭。「可是看他這樣，我很難過啊！我一直想，是不是我小時候對他太嚴格，一直逼他穿裙子，他現在才會這樣？他這樣，在這個社會會很辛苦啊！為什麼一定要這樣……」

美惠聽了好難過，又有點感動。

原來，媽媽會這樣挑剔他，不完全是因為不喜歡現在的他，而是因為，擔心他在這個社會，必須要面對其他人的目光。

因為，你就是你

「可是，姊就是這樣啊！」很少發話的弟弟又開口了。「本來每個人就不一樣。**跟別人一樣，在這個社會，也不見得不辛苦。**既然這樣，就維持自己本來的樣子，不是很好嗎？」

美惠很驚訝地看著弟弟。

聽美惠說，其實在美惠上大學之前，跟弟弟的感情是很好的，兩個人常常會一起聊天、一起去打球。只是上了大學，美惠去外地念書之後，兩個人的接觸越來越少，他也越來越不知道，弟弟在想什麼。

沒想到，原來弟弟在心裡是這樣支持著他。

聽了爸爸、弟弟的話，美惠覺得，自己有些話不吐不快。於是，他忍不住就在那個當下，說出自己並不喜歡男生的事。也不喜歡當個女生。

一聽完美惠的話，媽媽照例又突然秒閃進了房間，就好像什麼都沒聽到一樣。

「雖然媽媽的反應，讓我有一點挫折，但是也不意外，畢竟這個訊息真的很難消化，她要是馬上抱著我痛哭，說沒關係，我反而會覺得她吃錯藥，哈哈。」

美惠笑著說，眼角泛著淚光。

「但是我爸爸、弟弟跟姊姊，他們的反應好平靜喔。我還忍不住問姊姊跟弟弟：『欸，你們沒什麼話想講嗎？』

「我那個在銀行工作的老姊反應超好笑：『本來就知道的事情，是要講什麼？反正你現在可以結婚啦，法律有保障，就沒問題啦！記得找個有錢的比較賺。』

「我弟則是聳聳肩說，他本來就覺得，自己有一個姊姊跟一個哥哥。對他來講，根本沒差，『因為你就是你』。」

美惠帶著眼淚，說這一段。

我想要更站在自己這一邊

「那你爸爸呢？」

美惠頓了一下，眼中的淚光更盛。「我爸爸拍拍我的肩膀，他說：『都好，做你自己就好。』」

美惠抬起頭來，看著我。「在那一刻，我覺得我好幸福，真的好幸福。原來，我的家人，他們老早就接受我的樣子了。」

「對啊，因為你就是你。」我輕輕地說。「可能有些人，沒辦法這麼容易接受，比如你媽媽，或是可能你生活遇到的其他人。但有些人，其實不認為這有什麼。他們喜歡你，就是你現在的樣子。你可以選擇，你想用什麼眼光看自己，對不對？」

美惠點點頭，說出了一句很有力量的話：

「我想要更站在自己這一邊。我想要保護我自己，不要隨便讓別人定義我、貼我標籤。」

說完這話，美惠又笑了。這次是很真心、很燦然的笑。

「原來，真心接納自己，是一種這麼好的感覺；原來，我這樣，也很好。」

真的很好，當然很好。

這麼努力的你，怎麼可能不好？

迷失在別人目光與評價中時，記得回到自己身上，以自己的感受為主；

我們就有力量，可以抵擋外在世界的不友善。

那樣，就好。

承認「我需要你」

原來，我愛你

・完美媽媽雅文

和雅文面對「過度努力」這個人生策略的過程中，不免談到父親與母親的議題。而她，對「父母」的情緒相當複雜。

她相信，別人會因為「她有用」而愛她

面對父親，雅文原本用「無感」來防衛自己，是為了讓自己不要對他有期望，以免又因

為失望而受傷。即使，雅文隱約知道自己對他或許有愛，但過去的傷痕太過巨大，讓**雅文要碰觸到「愛」之前，會先陷入「對父親曾經失望」的憤怒沼澤中；而這個「憤怒」，又會讓雅文為了自我保護而出現「無感」、「情緒隔絕」的狀況……**

面對母親，對雅文而言，也不是容易的事。

她知道母親在愛中非常匱乏，對雅文、對自我都很嚴厲的母親，也是一個「過度努力」的人。雅文發現，自己在情感表達上，幾乎是複製母親的模式：**需要愛，但說不出口。有時用很嚴苛的方式對待自己或別人，希望從中得到安全感**，用以安撫需要愛，卻沒有得到的焦慮不安。

要承認自己「需要愛」，對於雅文來說，是非常困難的。因此，當她感覺不被理解，或是感受到與身邊的人情感疏離而覺得不安時，她習慣性會要求自己做好更多事、「**讓自己更有用**」，用這方式來解決內心的不安，也用這個方式解決與他人的疏離感；她相信，別人會因為「她有用」而愛她、靠近她。

只是，當別人真的因為這樣靠近她、需要她時，她的內心又會升起一種自暴自棄的感受：「原來，大家會靠近我，只是因為我有用。」

過度努力

這個生存策略，讓雅文把自己保護得很好，但**卻沒有機會讓別人知道，原來她是需要愛的，也沒機會讓別人證明：「你不用那麼努力，我們一樣會愛你。」**

當然，更沒有機會，讓雅文表示：「我會這麼努力，是因為我好愛你們，我也希望你們愛我。」

於是，這些沒有辦法碰觸到真實情感的挫折，化成隱隱的焦慮不安，在內心深處悶燒著；這些情緒，除了促使雅文更努力，以獲得安全感，也讓雅文在沒辦法努力的時候，用購物來消除內心的不安。

再見到爸爸，他居然老了這麼多

要怎麼碰觸、承認這些情緒與需求，就成為我們兩個合作上非常重要的關鍵。

在進行的過程中，雅文的生活，發生了一件很重大的事件。

雅文跟我請了幾次假，再見到她，已經是一個月後。

她看起來很憔悴。

「我爸過世了。」看到我的第一句話，雅文這麼說。

突然聽到這個消息，我很意外。

我靜靜地聽著她說。

「幾個禮拜前，我突然收到消息，說我爸在加護病房。其實收到消息的時候，很不像真的。我先生問我，要不要陪我去醫院，我拒絕了，然後我還開玩笑地跟他說：『欸，如果我看到我爸，可是我哭不出來，怎麼辦？旁邊的人會不會覺得我很不孝？』

「一開始，這個消息對我來講，真的沒有難過的感覺，反而是不真實的感覺比較多。而且，最近剛好我們都在談我爸，我也感覺，我對他還是生氣的。」

雅文抿抿嘴，拿起桌上的水杯，喝了一口。

「後來，我在醫院見到他。好多年沒見了，但是，見到他的時候，他居然是躺在病床上，插管，動也不能動的。心情很複雜。」

雅文眼神有點空洞地說著。

「小時候我有印象，他是個跟我一樣，很害怕打針、去醫院的人。看到他，我忍不住想，他現在躺在這裡，應該很不舒服吧？

「……怎麼再見到他的時候，他居然老了那麼多？」

雅文的眼中，隱隱含著淚光。

最深的隱隱作痛，是連淚都不敢掉

「醫生跟我說，他的狀況很不好。快的話一兩天，慢的話，一兩週就會走。那時候我就在想，接下來我要怎麼辦？我要去看他嗎？

「我也打電話跟我媽說了這件事，雖然她驚訝，但她沒有特別想去看我爸，這我也可以理解，畢竟他們之間有過這麼多不愉快的回憶。」

像是想給自己一點支持，雅文輕輕摸著自己的手背。

點著頭，我很專注地聽著。

「然後，我打給好友說了這件事。她突然語重心長地跟我說，去跟你爸爸說說話吧！好的、壞的，都好好跟他說一說。至少，他現在可以好好聽。」雅文突然笑著嘆口氣。

「我才發現，對啊，從我有印象以來，我跟我爸爸，都沒有好好說過話。有的多半是冷漠，或是吵架。所以，那一週，雖然他的醫院離我家很遠，我還是每天花了兩三個小時通車，去看看他，跟他說說話。」

「你說了些什麼呢？」我問。

「一開始都是在對他抱怨吧！」雅文笑了。「抱怨他丟下我，讓我覺得是因為自己不夠好，所以他才不要我；怪他不負責任，讓我和媽媽都很辛苦。跟他說，我多羨慕別人，有一個完整的家庭，父母在身邊，那是我再怎麼努力、表現再怎麼好，**都沒有辦法達到的夢想。**」

雅文的眼中有淚，但她忍著，繼續聲音平穩地描述。

我懂她的忍。

最深的隱隱作痛，是連淚都不敢掉；怕感受了，就垮了。

爸爸皮夾裡的祕密

「不知道第幾天開始，抱怨完了。我開始跟他說，我其實是很欣賞他的。覺得他有很多才華，但也因為這樣，更受不了他丟下我和媽媽，搞垮自己的人生，讓我失望，然後說著說著，我就不知道該說什麼了。」雅文苦笑。

「因為，他對我的人生參與的太少，又或者，我有記憶的部分太少，所以沒幾天，我就不知道該跟他說些什麼。只是盡我的力量陪著，陪他走到生命的盡頭。」雅文又喝了一口水。

「他走的那天，醫院把他的東西交給我。我打開他的皮夾，看到裡面放著兩張照片，一張是我媽年輕的時候，一張是我大概三、四歲的照片吧。」

說到這，雅文突然爆哭。淚，突然就忍不住了。

「我真的不懂。我不懂，**為什麼他要把我們帶在身邊，卻不留在我們身邊？**

「我也才發現，**原來，我好希望他愛我，因為，我愛他，我真的愛他。**」

孩子可以不用拿父母的困難來懲罰自己

那些終於被雅文承認的愛，在諮商室裡迴盪著；而那些困惑，也在其中，一遍一遍地在雅文的腦中轉著。

只是，人生就是有這樣的無可奈何；或許，雅文再也不曉得，她所在意的問題，答案是什麼。

「我可能永遠都不會知道，我爸爸到底在想什麼，為什麼他要離開我們。大概就像老師說的，**有些父母，有他們的困難。**」

我忍住淚，看著她，點點頭。「他們可能有他們的困難，兒女不一定能理解或接受，但或許，可以不用拿他們的困難來懲罰自己。」

「對，不用懲罰自己。**我愛他、需要他，不是我的錯，也可以承認**，對不對？」雅文看著我，熱淚盈眶。

我點點頭。

我想要學著給自己一點愛

「我那麼努力，他還是不回家，那是他的困難，不是我的問題，對不對？」

雅文的淚，越掉越多。

我深深地看著她，繼續點頭。

看著哭泣的雅文閃過一些表情，那是我以前從沒看過的表情。

「雅文，現在的你，是不是想說什麼？」我輕輕地問。

「我突然覺得好心疼我自己。」雅文一邊哭，一邊用手背拭淚。「我真的很努力，努力想讓大家開心、想得到愛，想得到肯定。」

「你一直沒有放棄，一直努力做到別人要的，那是你愛別人的方式，也是你想得到愛的方式。」我輕輕回應著。

過度努力

「的確。只是我現在覺得，好像夠了。我想要試試看別的方式，我也想要學著給自己一點愛。」

雅文慢慢停住了淚，抬頭看著我。「你願意陪我嗎？」

我很認真地點頭。

於是，雅文知道了她想去的地方；我們將一起摸索，一起找到一條新的道路。

練習伸出手

・自我的鋼鐵先生

這次昱禹和芯玲一起來，看起來兩個人的關係似乎好了不少。兩個人並肩坐在沙發上，有著不少細微的小互動。

一見我坐下來，芯玲立刻笑著跟我打招呼。

「最近過得如何？」我輕鬆地開場。

「比之前好得多。最近週末，我們有去一些地方走走，有時候也在家裡休息。他跟我們的互動變多了，這樣就很好。」芯玲笑笑地看了昱禹一眼。「然後我現在不會自己喝酒了，都是跟他一起喝。一週一兩個晚上，喝一杯紅酒、吃點點心，一起聊聊天這樣。」

昱禹故意做出癟嘴的鬼臉。

輕鬆的氣氛，在我們之間流轉著。

「不過，有件事情，還是想說一下。我們私下有討論可以說。那我要說了喔？」芯玲看了昱禹一眼，像是徵得他的同意。

昱禹點頭，聳了一下肩。

「就是啊，他下班的時候，還是很不習慣跟我說說話。」芯玲一邊說，一邊留意昱禹的神情。「特別是那天下班回來，如果他的臉很臭，他就會更不想要跟我講話，會一直看手機或是打電動。」

「就跟你說那是我紓壓的方式啊！」

昱禹有點無奈地說，不過跟之前比起來，口氣好得多。

「我知道那是你紓壓的方式，我也覺得沒關係。只是，有時候你回家，我覺得你心裡有事，但你就是不想說，是這個讓我擔心。」

「我不太習慣說自己。」

感覺這次，芯玲相當在意昱禹的心情，斟酌著字句，不想讓昱禹覺得自己在責怪他。

「所以芯玲是在說，她希望可以幫你分擔些什麼，特別是你工作回來，可能有一些壓力的時候。」

聽了我的話，昱禹深呼吸了一下。

我看著昱禹的表情，接著問。「不過，芯玲講的這些事。昱禹，你知道她的心意，對嗎？」

昱禹又深呼吸了一次。

「我知道，她希望我說出來可以輕鬆點。但是，我真的不太習慣說。」昱禹頓了一下。「應該說，我不太習慣說自己。」

「怎麼說？」感覺我們又碰到了些什麼。

昱禹想了一下。「不知道，就覺得這沒什麼好講的。」

「什麼東西沒什麼好講的？」我接著問。

「例如工作上遇到不開心的事，就覺得沒什麼好講的，講了很像在抱怨。」

「像抱怨有什麼不好？」我感覺昱禹沒說出口的，似乎覺得抱怨不好。

「就沒用啊！一直抱怨，感覺很負能量，家裡氣氛不好，事情也不能解決，別人也不想聽。」

昱禹一連串地說出一堆話。

「所以你覺得，你說這些『負能量』的話，**沒有人想聽嗎？**」

我感覺到，我們好像碰到了很重要的核心。

「可是我很想聽啊！」

芯玲簡直就像是我安排的樁腳，立刻很誠懇地接了這句話。

我倆天衣無縫。

昱禹又深呼吸。「可是你也有你煩惱的事，聽那麼多，你會煩，而且，我可以自己消化。」

「昱禹，聽起來，你不是不想說，是很怕說？」我看著他，慢慢地問。「你擔心什麼？說了會發生什麼事？」

昱禹看著我，我看著他、看向芯玲，芯玲也看著他。

我們三個人之間，一陣靜默。

我們都在等，等著昱禹告訴我們，伸出手，對他為何如此困難。

過了一會兒，昱禹嘆了一口氣。

我很討厭自己抱怨的樣子

「大概是我很討厭自己抱怨的樣子吧！感覺很沒用。想想以前，我媽抱怨了很多事，我爸從一開始聽、到不聽，後來，就不回家了。我媽後來就只能喝酒，說給自己聽。」

對昱禹來說，抱怨、展現自己脆弱的這件事，他曾經看過媽媽示範，但得到很不堪的下場。也可能，對於昱禹來說，那時候的他，也沒有聽媽媽說；所以現在，有任何辛苦，或許他認為，自己也必須要練習獨自消化才行。

畢竟，一直以來，他總是獨力面對所有的辛苦。沒有人想聽他說。

我又怎麼能確定，當我真的開始說出自己的脆弱、情緒時，真能被理解與包容，而不會遭受跟媽媽一樣的待遇？

你想講，我就一定會聽

當我試著說出昱禹的擔心時，昱禹沒有說話，只是不停地摩挲著自己的手背，像是想安撫自己一樣。

就在這個時候，芯玲靜靜地，把昱禹的手拉了過來，輕輕地拍著。

「沒關係，你想講，我就一定會聽；如果我真的沒辦法聽的時候，我會告訴你，那個時候，你再自己消化沒關係。可是，**只要我有力氣，我想陪你、想聽你說任何你不習慣對別人說的事。**」

講完這些，芯玲轉頭看向昱禹。「你相信我，好不好？」

昱禹的眼睛迅速變紅，他什麼都沒有說，只握緊芯玲的手。

或許昱禹過去的傷，以及對人的信任，需要一點一點地修補；但我想，擁有這麼多的愛，昱禹會越來越勇敢的吧！

勇敢地信任這個，過去或許並不善待他，但現在正在祝福他的世界。

結束了今天的工作，我離開了諮商所，準備過馬路時，正巧看到，昱禹與芯玲站在我前面，背對著我。

此時，綠燈燈號正好亮了。

我看見，昱禹主動牽起芯玲的手，五指緊扣；芯玲轉過頭去，對昱禹笑得開懷。

那一幕，真的好美。

我想，我永遠不會忘記。

不論過去如何，現在的我，永遠可以選擇

我願意給自己不同的選擇，負起人生的責任

• 失去靈魂的購物公主

「我去找我哥聊過了，還有，我最近開始去上鋼琴課。」一坐下來，品萱就跟我分享了近況。

有靈魂的眼神

原來，品萱從小就很喜歡音樂，小時候曾經學了好幾年的鋼琴；但後來，因為爸媽覺得

學音樂不能賺錢，於是在國中時，品萱就放棄了鋼琴。

最近，她重新拾回對鋼琴的興趣，開始上鋼琴課，學爵士鋼琴。描述自己上課的過程，感覺品萱的眼睛熠熠生輝。

那是有靈魂的眼神。

「我發現，彈鋼琴可以讓我很平靜，我可以很專注地彈好幾個小時。」品萱說著。

「我很喜歡彈鋼琴的自己。那是我真正感覺到，沒有太多別人的期待和目的，只是很專注地彈，做著我自己想做的事。我很喜歡這種感覺，不過……」品萱停了一下。

我沒有打斷，很專注地聽她說。

「我爸媽知道我開始去上鋼琴課，還滿潑我冷水的。說都這個年紀了，學鋼琴還能幹嘛。」

品萱自嘲地笑了笑。

「對他們來講，大概做任何事，都要賺錢才行吧。不能賺錢的事，都是沒用的事。做了，只是浪費時間。」

「所以，他們的想法會影響你嗎？」我問。

「不知道是不是跟哥哥談過的關係，以前的話，我覺得會影響我，但現在還好。」品萱笑笑地看著我。「對了，我剛一開始有提到，我跟我哥談過了。」

我點點頭，鼓勵她往下說。

原來，哥哥也有很辛苦的地方

「我去我哥住的地方找他，他好像很意外。那天晚上，我們聊了很多。」品萱看著我。

「我才發現，原來我哥也有他很辛苦的地方。」

「他跟你說了什麼呢？」

「我哥說，以前爸媽常為了他吵架。他都覺得自己是罪人，可是又覺得很生氣。他很佩服我，很容易就可以得到爸媽的歡心，當乖寶寶，做對的事情。」品萱笑了笑。

「我哥說，他不是故意要找麻煩，但就算他想要讓爸媽開心，最後做的事情，都還是會讓他們生氣，久而久之，就放棄了，乾脆做自己。我哥跟我講了幾個小時候的事，都是他本來想要努力讓他們開心，結果失敗的例子。我聽了就想說，天啊，哥，你也太慘了。」說到這邊，品萱大笑。

「你聽到哥哥這麼說，有什麼感覺或想法嗎？」

「我就覺得，哇，原來我哥是因為『做不到』，才能做自己。那我呢？因為『做得到』，反而**一直放棄自己？**」品萱苦笑。

「所以，可能你發現了，**其實你是能力很好的人，可以留意到別人的需求，也可以做得到滿足別人，不過，反而讓你把力氣都用在別人身上了。**」我回應品萱。

品萱有點害羞地看著我。「聽完我哥說的話，我其實也有這樣想，但覺得自己這樣想好像很厚臉皮。所以，真的是這樣嗎？」

「當然，不然你怎麼有辦法，做到你爸媽希望你做到的事呢？」我肯定著品萱。

當我們為了別人的需求與感受、過度在意而奉獻出自己的心力時，即使再有能力，我們都會受困於那種「被控制」的感受，而沒有辦法感覺到：自己是有能力的。只有把力量用回自己身上時，我們才會知道自己擁有什麼。

我最氣的是，我把每個人都看得比我重要

「我哥還跟我說，他不是丟下我。他是發現，他在家裡太容易跟父母起衝突，他也有壓力，覺得自己像是把家庭氣氛搞糟的人。還有他發現，幾次他跟爸媽起衝突、爸媽吵架，我不講話，回房間之後，都在哭。

「他說，他大學那時衝動離開家裡之後，也擔心我，有幾次想找我談，但我都拒絕了。他猜我大概在生他的氣，所以他就想等我氣消。」品萱嘆口氣。「沒想到一等，等了這麼多年。」

「你好像覺得有點遺憾？」我輕輕地問。

「我一直覺得哥哥拋下我，一直覺得，只有我一個人在乎這個家完不完整，只有我一個人在努力。現在我才發現，原來我對我爸、哥哥，都有很多生氣。

「我也氣我媽，氣她當初想離開，跟我說那些話，把我綁住，讓我沒辦法不按照他們想要的方式去做。我氣沒有人瞭解我，**沒有人問我想要什麼，我只能一直給大家想要的東西**。

「之前你有說過，如果覺得心情很亂的時候，可以寫寫日記，跟自己對話看看，瞭解自己到底在想什麼。我試著寫了幾次，一開始很難，越寫越煩，寫沒幾個字就丟筆。」品萱笑了。「不過，後來慢慢能靜下心，寫著寫著，發現我最氣的，**是我把每個人都看得比我重要，但我覺得他們沒有同樣對我**。」

我不是沒有選擇，我只是「選擇不跟爸媽衝突」

「你覺得，為什麼你會把他們看得比你還重要？」我問著品萱。

這是一個很重要的問題。

「這我也想過了。」品萱笑著回答我。「我問自己很多次，最後我發現，會把他們看得比我重要，是因為**我覺得自己不重要**，他們誰都可以拋下我。所以我必須努力讓大家開心。最終我才發現，原來我以為的，我為了別人做的選擇，其實也是**為了我自己**而已。」

「應該說，也是為了生存吧！」我回應著品萱。「你說，**你會把別人看得比你重要，是因為你覺得自己不重要，因為害怕被拋棄，所以努力讓別人開心**。一直這麼做，也很辛苦，對不對？發現了這件事，對你有什麼影響嗎？」

「這段時間的諮商，還有跟我哥聊過後，加上這件事，讓我發現，之前很多事，我一直以為我沒有選擇。例如要聽爸媽的話、不能選自己想念的科系、選爸媽覺得好的工作……但最近我才知道，我不是沒有選擇，我只是『選擇不跟爸媽衝突』，選擇『用這個方式得到他們的肯定』，因為我沒辦法跟哥哥一樣，可以這麼相信自己、做自己要的選擇，而且承擔。

「例如工作，我選現在的工作，固然是因為爸媽希望我選，但是現在深問自己，我也才知道，選現在這個工作，讓我安心，因為我也害怕工作不穩定，害怕自己沒有能力應付外界的競爭。」品萱喝了一口水。

「過去，我選了一條看似比較輕鬆的道路，可以不用想；所以現在，我就得花很多時間想了。

「畢竟，人生是我自己的。」

說完這句非常睿智的話，品萱笑了。「所以，現在我想要給自己多一點時間跟機會，探索自己想做、能做的事。」說完這句話，品萱看向我。

「不過，當我最近開始在探索自己、開始上鋼琴課之後，我就不想買東西了。內心那種空空的感覺，也好了很多，特別是彈鋼琴的時候。」

品萱笑著對我說。「省下買東西的錢，剛好上鋼琴課。」

我非常佩服品萱。要面對「人生的許多選擇不如自己的想像」，是很不容易的事，能夠不把錯怪在別人身上，承擔起自己的責任，並且勇敢地面對有許多不定性的未來，真的很不簡單。

而當我們誠實地面對內心的恐懼，面對阻礙與挑戰，直接去做那些自己真的想做的事，感受自己真實地活在這個世界上……焦慮的逃避策略，例如購物等，也會慢慢減緩。

離開前，品萱對我說了一句話：

「過去，我為了別人努力；現在，我想為了自己勇敢。」

我也從這句話、從品萱身上，獲得許多的力量。

不論你們是否愛我，我都想好好愛著自己

• 自責小姐欣卉

後來，欣卉與我再諮商了一段時間。在這過程中，我們討論了關於她一直以來的夢想：服裝設計，以及要達成夢想的執行方法。

然後，她想要靠自己的力量試試看。於是，我們結案了。

過了一段時間後，我收到她寄給我的信。

給慕姿老師：

我是欣卉，我現在已經在法國，準備要開始我的第一個學期。

在諮商時，我有跟老師提過，我一直都有個想當服裝設計師的夢。但對我的父母來說，這個夢太不切實際，也太花錢。跟老師諮商的那段時間，我不停思考著，接下來

我的人生，到底要為誰而活？

然後，我得到答案。我決定要準備考試，申請法國的學校，去念我一直很嚮往的服裝設計。

不過，跟老師諮商的這段時間，我也想了很多。我發現，像老師說的，**當我越依賴家裡的資源，我就越難擺脫他們，越需要他們的肯定，也越失去自己。**就像之前，雖然我爸爸養著我，但我卻在這過程失去自己的力量。所以，我想要先靠我自己申請學校，並且試試看能不能申請到獎學金。

至少先看看，能不能拿到我夢想的入場券。

後來，我申請到想去的學校，但是獎學金不多。我考慮了兩個方向，一個是自己去貸款，一個是回去跟爸媽談，問他們可否借錢給我。我決定兩邊都試試看，於是我一邊向銀行貸款，一邊鼓起勇氣，回去跟爸媽談出國留學的事。

聽到我要去念服裝設計，媽媽還好，爸爸非常反對，認為我只會浪費錢。不過，這次我很篤定地跟他們說，我不是要他們給我錢，我是想跟他們借錢，只是我能力不夠，希望他們可以讓我念完書，開始工作之後再還錢，也希望他們不要收我太多利息。

當然，我告訴他們，他們也可以拒絕我，我就去跟銀行貸款。因為這件事，我一定要做。

這或許是第一次，我在爸爸大吼大叫之後，還能把我想說的話說完。雖然我聽到我爸罵我、否定我，我還是很害怕，但是我讓自己冷靜下來，好好地把我想說的話說完。

我想到老師你跟我說過的：「**我們可以提要求，對方也可以拒絕，這就是界限。**」

那天，我跟爸媽談的時候，姊姊跟弟弟都在家。以前，遇到這一類的場景，姊姊有時會跟著爸爸一起數落我，弟弟則跟媽媽在旁邊都不說話。結果沒想到，這次在我說完話後，爸爸還有嘟囔了幾句，但姊姊都沒有說話。後來，姊姊居然開口，說要借我錢，讓我去念書。

我真的覺得好驚訝！我當然接受了，也謝謝姊姊。

不知道老師還記不記得，我曾經在諮商時問過你，「如果他們都不愛我了，我還要愛他們嗎？」

「他們愛不愛你，那是他們的選擇。你當然也能有自己的選擇，無關輸贏或自我價值，而是在於身為一個人的選擇。你可以選擇不愛他們，也可以選擇愛他們；**當你願意為了愛他們而努力，其實是代表：你是有能力愛的。**

「所以，不是我愛了就輸了；不是我努力了，就代表我不夠有價值，需要他們的肯定。

「而是：那是代表，**我是有能力愛的。我的努力，也可以是為了我自己。**」

那時候，老師的回答，我一直記在心上。

出國前一週，我鼓起勇氣，寫信給我的家人們：爸爸、媽媽、姊姊、弟弟。

我把對他們的感受和愛，說了出來。告訴他們，我好希望自己能跟他們一樣好，能夠被他們接納。

我告訴了他們，以前的我有多努力，而現在的我，開始想要給自己不同的選擇，想要用不同的方式愛自己和愛他們。我寫下那些信，等於是給了過去努力的我，一個很重要的交代。

然後，我覺得，我可以放下了。

最難忘的，其實是出國那天。

我不期待家人會出現在機場，但在機場，我看到媽媽跟姊姊來送我。

媽媽看著我一直掉淚，說她對不起我，說爸爸也是心疼我的，只是他對我的期待更高，所以失望的時候，不知道該怎麼辦。

姊姊則是拿了一封信給我，叫我等等再看。

在候機室，我讀著姊姊的信。姊姊告訴我，她覺得我努力又優秀，特別是繪畫的天分，是她所沒有的，而且，我的朋友比姊姊多。姊姊說，她一直很羨慕我。

她跟我道歉，說她有時說話的確是很傷人，但這是她的習慣，她無法控制。她並不想傷害我。

她希望我完成夢想。她相信我可以，然後，可以找回我自己。

「一路順風。」這是姊姊給我的祝福。

看完這封信，我一直哭。我不知道原來姊姊也是羨慕我的，原來姊姊也有自己的辛苦。

現在的我，覺得自己是幸福的。

謝謝老師這段時間的陪伴。

收到信後，我的心也漲得滿滿的。

我回信，攜上我的祝福。

過度
努力

你的存在，就是無可替代的價值

曾經有人說，做我們這一行，其實就像個「擺渡人」。在水上悠悠行著，等著一個個上船的人。我們和對方的緣分，就是在船上的這一段。有時候、我渡他，有時候、他渡我，細談與感受的，都是人生。

能夠被交付信任，有機會看到一個人的真實、勇敢與脆弱，也會有很多交心的時刻，那些時刻讓人感動。

很難不對這份工作產生敬畏與喜愛。當別人願意這樣信任你，你會想提醒自己要更努力、更小心；而做這份工作，會讓自己一直有機會感受到人性。

會讓自己感覺：我的確是個人啊！不只是感受到對方，也會感受到自己。

也會在和人的互動中，感受到自己的淺薄，以及提醒自己要謙卑：

我不是能夠解決所有問題的神；我只是陪著走過一段，讓人有地方休息、有時間檢視自己的「擺渡人」。

何其有幸，能夠有這樣的一段緣分。

在人生裡，我們都會有自己的選擇，也會有自己呈現的樣子；**不論是什麼樣子，都是我們用自己的方式在努力的樣子。**

看著自己一路走來很努力的過程，都值得我們給自己一個肯定，都值得讓一直往前衝的我們，回過頭來，對已經很努力的自己說：

嘿，一路走來，你辛苦了。

只要你願意，你可以為了自己努力。

不過，你再也不需要用努力來證明自己，

因為你的存在，就是無可替代的價值。

從小，對於每個孩子而言，或許都追求著這種被「無條件愛著、接納與理解」的感覺；當我們沒有機會獲得這樣的愛時，我們便抱著痛，假裝自己並不在意，成為一個藏起傷痕的大人。

只是，當我們因為害怕「不夠努力」可能會造成的危險：被別人看不起、不被重視、沒辦法生存，甚至是不被愛、被丟棄……小時候的我們，或許沒有選擇地努力達成這一切，但長大的我們，願不願意給自己一個，有其他選項的機會？

要能對自己說出這樣的話，需要很多的對自己的愛，與勇敢地相信自己。

也許，我們沒有機會從父母或他人身上，獲得這樣的愛，但是，我們永遠都可以嘗試這樣愛著自己——

當自己過度擔心他人的評價與感受、感覺自己「永遠不夠」時，願意將放在外在的眼光，拿回自己身上，和自己好好說說話。

當我們願意勇敢地相信：「**我本身的存在就是有意義、有價值的，不需其他人來定義**」時，當我們願意站在自己的這一邊，像自己的好友般，在挫折時支持、信任著自己，願意停止如他人一般地，挑剔著自己永遠不夠、不好時——

我們會發現，**我們能給自己的支持與力量，比想像的大很多。**

「下次，會是誰坐上這艘船呢？」

我輕輕關上了門。

國家圖書館預行編目資料

過度努力：每個「過度」，都是傷的證明／周慕姿著. ——初版. ——臺北市；寶瓶文化事業股份有限公司,2021.03
面；　公分, ——（vision；208）
ISBN 978-986-406-220-1（平裝）
1. 修身　2. 自我實現
192.1　　110001697

Vision 208

過度努力——每個「過度」，都是傷的證明

作者／周慕姿（諮商心理師）
副總編輯／張純玲

發行人／張寶琴
社長兼總編輯／朱亞君
資深編輯／丁慧瑋　編輯／林婕伃
美術主編／林慧雯
校對／張純玲・陳佩伶・劉素芬
營銷部主任／林歆婕　業務專員／林裕翔　企劃專員／李祉萱
財務主任／歐素琪
出版者／寶瓶文化事業股份有限公司
地址／台北市110信義區基隆路一段180號8樓
電話／(02) 27494988　傳真／(02) 27495072
郵政劃撥／19446403　寶瓶文化事業股份有限公司
印刷廠／世和印製企業有限公司
總經銷／大和書報圖書股份有限公司　電話／(02) 89902588
地址／新北市五股工業區五工五路2號　傳真／(02) 22997900
E-mail／aquarius@udngroup.com

著作完成日期／二〇二一年一月
初版一刷日期／二〇二一年三月三日
初版三十一刷日期／二〇二二年二月二十一日
ISBN／978-986-406-220-1
定價／三七〇元

AQUARIUS 寶瓶文化事業

愛書人卡

感謝您熱心的為我們填寫，
對您的意見，我們會認真的加以參考，
希望寶瓶文化推出的每一本書，都能得到您的肯定與永遠的支持。

系列：vision 208　**書名：過度努力——每個「過度」，都是傷的證明**

1. 姓名：__________　性別：□男　□女
2. 生日：____年____月____日
3. 教育程度：□大學以上　□大學　□專科　□高中、高職　□高中職以下
4. 職業：__________
5. 聯絡地址：______________________________
   聯絡電話：__________　手機：__________
6. E-mail信箱：____________________
   □同意　□不同意　免費獲得寶瓶文化叢書訊息
7. 購買日期：____ 年 ____ 月 ____日
8. 您得知本書的管道：□報紙／雜誌　□電視／電台　□親友介紹　□逛書店　□網路
   □傳單／海報　□廣告　□其他
9. 您在哪裡買到本書：□書店，店名________　□劃撥　□現場活動　□贈書
   □網路購書，網站名稱：________　□其他________
10. 對本書的建議：（請填代號　1. 滿意　2. 尚可　3. 再改進，請提供意見）
    內容：__________
    封面：__________
    編排：__________
    其他：__________
    綜合意見：______________________________
11. 希望我們未來出版哪一類的書籍：____________________

讓文字與書寫的聲音大鳴大放

寶瓶文化事業股份有限公司

（請沿此虛線剪下）

廣　告　回　函
北區郵政管理局登記
證北台字15345號
免貼郵票

寶瓶文化事業股份有限公司收

110台北市信義區基隆路一段180號8樓

8F,180 KEELUNG RD.,SEC.1,

TAIPEI.(110)TAIWAN R.O.C.

（請沿虛線對折後寄回，或傳真至02-27495072。謝謝）